■ Inhalt: Erschließen eines Märchens
▨ Zeitbedarf: 30 Minuten

Lies den folgenden Text konzentriert durch und bearbeite dann die gestellten Aufgaben.

Vom weißen Affen

1 In jenen alten Zeiten, als sich die Menschen aus den tiefen Höhlen auf die Erde schleppten, kam auch der Jäger Hidoroma aus der Finsternis ans Licht. Und kaum hatte er sich mit seinen
5 Fäusten den Schlaf aus den Augen gerieben, nahm er die seltsamsten Tiere und Vögel wahr. Da zog er sein Blasrohr hervor, legte einen Holzpfeil ein, zielte und blies mit mächtigem Atem den Pfeil hindurch.

10 Der Hunger im Dorf trieb den Jäger immer wieder hinaus in seine Jagdgründe, und jedesmal kam er mit reicher Beute zurück. So wurde Hidoroma ein berühmter Jäger, und er selbst war überzeugt, dass es keinen besseren als ihn
15 gebe, verfehlten seine Pfeile doch nie ihre Ziele.

Eines Tages sah er den kleinen weißen Affen Choruca.

Hidoroma zielte und blies den Holzpfeil
20 durch das Blasrohr, aber der Pfeil verfehlte sein Ziel. Wieder und wieder legte er an und zielte und blies, aber die Pfeile trafen nicht. Und sobald er sich dem weißen Affen nähern wollte, war dieser schon auf den nächsten Baum ge-
25 klettert. So lockte der Affe den Jäger immer tiefer in den Urwald, solange bis Hidoroma alle Holzpfeile verschossen hatte. [...]

Sobald Hidoroma neue Pfeile geschnitzt hatte, wiederholte sich alles. Der weiße Affe
30 sprang von Baum zu Baum, und der Jäger verfolgte ihn.

Als der Urwald sich lichtete, sah Hidoroma einen Bach, in dem der weiße Affe Choruca auf den Steinen herumsprang.
35 „Jetzt habe ich dich!", jubelte der Jäger.

Im gleichen Augenblick sah er, dass sich auf dem Wasser Ringe bildeten, wie wenn der Affe ins Wasser gesprungen wäre. Hidoroma wartete noch eine Weile, ob er wieder auftauchen wür-
40 de, aber der Affe blieb verschwunden. Doch dort, wo sich zuvor die Ringe gebildet hatten, schwamm ein großer, weißer Fisch.

„Das ist Choruca, er hat sich in einen Fisch verwandelt!", dachte der Jäger. Er überlegte
45 nicht lange und flocht aus Lianen ein Fangnetz [...]. Keine einzige Grundel¹ entkam ihm, von dem großen, weißen Fisch jedoch sah er nicht einmal die Bauchflosse.

„Bestimmt hat er sich wieder etwas ausge-
50 dacht", sagte sich der Jäger Hidoroma ratlos, als er knietief im Wasser stand. Da erblickte er auf einmal eine kleine weiße Muschel, die sich langsam in den Schlamm eingrub.

Der Jäger Hidoroma tat,
55 als ob er sie nicht sähe, und die Muschel ließ sich täuschen. Als sie sich wieder aus dem Schlamm ausgrub, griff der Jäger flink wie ein
60 Raubtier nach ihr. Und bevor

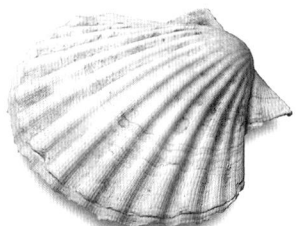

sie seinen Händen entgleiten konnte, trug er sie ans Ufer und öffnete sie mit einem einzigen Schlag. Und siehe da, in der Muschel saß ein Mädchen, nicht größer als sein kleiner Finger.
65 „Tu mir kein Leid an", bat es. „Ich wollte nur deine Ausdauer und deinen Mut prüfen und wissen, ob ihr Menschen klüger seid als die Tiere, die ich so gut kenne." [...] „Ich bin nämlich eine Urwaldfee, musst du wissen." [...]

Quelle: Märchen der Indios: Mythen, Märchen und Legenden der Indianer Mittel- und Südamerikas. Nacherzählt von Vladimír Hulpach. Übersetzt von Jan Vápenik. Hanau: Verlag Werner Dausien 1976. S. 109 f. (gekürzt)

Anmerkung
1 kleiner Fisch mit dickem Kopf

1 Schreibe in einem Satz, worum es in diesem Märchen geht.   ___ von

_____

_____

_____

2 Wie heißen die beiden Hauptfiguren im Märchen „Vom weißen Affen" und welche typische
Eigenschaft haben sie?   ___ von

> **Tipp**   Unterstreiche zunächst alle Hinweise zu den Figuren im Text.

_____

_____

_____

3 Kreuze an, ob die Aussagen zum Märchen richtig oder falsch sind.   ___ von

Aussage	richtig	falsch
a Der weiße Affe lockt den Jäger tief in den Urwald.	☐	☐
b Choruca ist eine Grundel.	☐	☐
c Den weißen Fisch sieht Hidoroma nur einmal.	☐	☐
d Mit Pfeil und Bogen versucht der Jäger, den Affen zu töten.	☐	☐
e Hidoroma ist ein berühmter Jäger in seinem Dorf.	☐	☐
f Choruca verwandelt sich in eine Muschel.	☐	☐
g In der Muschel sitzt ein kleines Mädchen.	☐	☐
h Die Urwaldfee möchte dem starken Jäger wehtun.	☐	☐

4 Nenne drei Merkmale eines Märchens, die auch in dem Märchen „Vom weißen Affen"
vorkommen. Belege dies, indem du eine entsprechende kurze Textstelle angibst.   ___ von

Merkmal 1: _____

Beleg: _____

Merkmal 2: _____

Beleg: _____

Merkmal 3: _____

Beleg: _____

5 Das Märchen stammt aus Mittel-/Südamerika. Suche drei Hinweise, die verdeutlichen, dass es sich nicht um ein europäisches Märchen handelt. Schreibe diese heraus.   ___ von 3

_____

_____

_____

_____

6 Das Ende des Märchens fehlt. Schreibe in fünf bis sechs Sätzen einen eigenen Schluss.   ___ von 3

_____

_____

_____

_____

_____

_____

_____

_____

7 Du kennst sicher noch andere typische Märchenmerkmale. Nenne drei weitere, die nicht in diesem Märchen vorkommen.   ___ von 3

_____

_____

_____

8 Welche der genannten Autorinnen und Autoren sind <u>keine</u> Märchenerzähler*innen? Streiche sie durch.   ___ von 2

Brüder Grimm	Anthony Horowitz	
	Wilhelm Hauff	**Hans Christian Andersen**
Alfred Hitchcock		Erich Kästner
	Astrid Lindgren	

9 Nenne drei dir bekannte Märchen.   ___ von 3

_____

Test 2

■ Inhalt: Erschließen eines Sachtextes

▨ Zeitbedarf: 30 Minuten

Lies den folgenden Text konzentriert durch und bearbeite dann die gestellten Aufgaben.

Die Geschichte des Fußballs

1 Bereits 3000 v. Chr. spielten chinesische Soldaten vor dem kaiserlichen Palast „Tsu Chu", was so viel heißt wie „einen Ball mit dem Fuß stoßen". Auch die Griechen kannten bereits
5 um 2000 v. Chr. das Spiel „Episkyros", in dem Kämpfer in einer Art „Ballschlacht" Kraft und Ausdauer trainierten. Römische Legionäre brachten erste Ballspiele nach Britannien, z. B. „Harpastum", was jedoch mehr einem Mas-
10 senringkampf glich.

Die Geschichte des heutigen Fußballs begann im 12. Jahrhundert auf der britischen Insel, wo sich ganze Dörfer beim sogenannten „Shrovetide Football" auf einem mehrere Ki-
15 lometer großen Spielfeld, welches sogar den örtlichen Fluss mit umfassen konnte, gegenüberstanden. Ein medizinballgroßer Ball wurde in die Menschenmenge geworfen und das Spiel begann. Die Spielerzahl schwankte zwischen
20 100 und 1 000 Teilnehmern, die sich mit nur wenigen Regeln eine brutale und hemmungslose Rauferei lieferten. Verbote dieser Spiele setzten sich nicht durch.

Auch in Eliteschulen des 16. Jahrhunderts
25 schlugen sich die Adelssöhne beim Fußball die Köpfe ein. Findige Lehrer begannen ab 1830 das Sportspiel zu unterstützen, legten Regeln fest und förderten so Teamgeist, Fairness und Ausdauer. Immer mehr setzte sich das Schießen
30 mit dem Fuß gegenüber dem Spiel mit der Hand durch. 1848 wurden die „Cambridge Rules" festgeschrieben, die die Grundlage für die 14 Regeln der 1863 gegründeten britischen Football Association (erster nationaler Fußball-
35 verband der Welt) bildeten. Der moderne Fußball war geboren. Das erste Länderspiel zweier Nationalmannschaften endete 1872 zwischen England und Schottland 0:0.

1884 wurde der erste deutsche Fußballverein
40 gegründet. Noch hatten es die Fußballspieler schwer, sich gegen den Nationalsport Turnen durchzusetzen. Viele Schüler und Studenten sahen in dem neuen Fußballspiel eine wohltuende Abwechslung gegenüber dem Turn-
45 und preußischen Militärdrill. 1903 besiegte der VfB Leipzig den DFC Prag im ersten deutschen Meisterschaftsfinale mit 7:2.

Seit dem Gewinn der Weltmeisterschaft 1954, dem sogenannten „Wunder von Bern", bei dem
50 Deutschland im Finale gegen Ungarn 3:2 gewann, ist Fußball auch in Deutschland Nationalsport Nummer Eins. Die Weltmeisterschaft in Deutschland im Jahr 2006 wurde wegen der ausgelassenen Stimmung der vielen Fans
55 als „Sommermärchen" bezeichnet.

1 Lies den Text zweimal gründlich durch. Unterstreiche beim zweiten Lesen mindestens fünf Wörter, deren Bedeutung du im Wörterbuch nachschlagen möchtest. Trage die Wörter und ihre Bedeutung anschließend in die Tabelle ein.   ___ von 5

> **Tipp** Solltest du nicht alle Wörter in deinem Wörterbuch finden, schlage auch in einem Lexikon nach.

Wort	Bedeutung

2 Hast du genau gelesen? Kreuze an, ob folgende Aussagen richtig oder falsch sind.   ___ von 7

Aussage	richtig	falsch
a Bereits 3000 v. Chr. spielten Menschen eine Art Fußball.	☐	☐
b In England kämpften zunächst ganze Dörfer gegeneinander.	☐	☐
c In Eliteschulen war das Fußballspielen nicht erwünscht.	☐	☐
d Die Football Association war der erste Fußballverband der Welt.	☐	☐
e Das erste Länderspiel in Deutschland fand 1884 statt.	☐	☐
f Fußball wurde um 1900 als militärischer Drill empfunden.	☐	☐
g Das sogenannte „Wunder von Bern" bescherte Deutschland den ersten Gewinn einer Fußballweltmeisterschaft.	☐	☐

3 Beantworte folgende Fragen in vollständigen Sätzen. Suche zunächst die Antwort im Text und unterstreiche sie.   ___ von 10

a Drei Nationen kannten bereits sehr früh eine Art Fußball. Wie hießen die Fußballspiele und wer spielte sie jeweils?

_____

_____

b Warum spielte man in dieser Zeit Fußball?

_____

_____

c Wie hoch war die Spielerzahl bei Spielen des „Shrovetide Football"?

_____

d Welche Tugenden wollten Sportlehrer an englischen Eliteschulen durch Fußball fördern?

_____

_____

e Warum spielten in Deutschland Schüler und Studenten gern Fußball?

_____

_____

_____

_____

_____

_____

_____

f Wer gewann das erste Meisterschaftsfinale in Deutschland?

_____

_____

Test 3

Inhalt: Erschließen eines Gedichts
Zeitbedarf: 30 Minuten

Lies das folgende Gedicht und beantworte anschließend die Fragen.

Peter Hacks (1928–2003): **Es war ein kleiner Junge**

1 Es war ein kleiner Junge,
Der war ein nettes Kind,
Der war mal brav, mal böse,
So wie halt Jungen sind.

5 Der hatte blonde Haare,
Die waren nie gekämmt,
Und eine rote Hose
Und ein gestreiftes Hemd.

Und eine kleine Nase
10 Und einen großen Mund,
Und manchmal fuhr er Roller
Und hatte einen Hund.

Er war mal brav, mal böse,
So wie halt Jungen sind.
15 Und seine Mama sagte,
Auch wenn sie niemand fragte:
Er ist ein nettes Kind.

Quelle: Peter Hacks: Es war ein kleiner Junge. Aus: Peter Hacks: Der Flohmarkt – Gedichte für Kinder. © 2001 Eulenspiegel Verlag, Berlin

1 Wovon handelt das Gedicht? Entscheide dich für eine Aussage.   ___ von 1

- [ ] Das Gedicht handelt von einem kleinen Jungen, der immer Streiche macht.
- [ ] Das Gedicht handelt von einer Mutter eines kleinen Jungen.
- [ ] Das Gedicht handelt von einem Jungen, der mal brav und mal nicht brav ist.
- [ ] Das Gedicht handelt von einem blonden Jungen und seiner Mutter.

2 Beschreibe das Aussehen des Jungen mit eigenen Worten. Markiere dir dazu Auffälliges im Gedicht. Schreibe in ganzen Sätzen.   ___ von 3

_____

_____

_____

3 Untersuche das Gedicht. Beantworte folgende Fragen in einem Satz.   ___ von 8

a Aus wie vielen Strophen besteht das Gedicht?

_____

b Wie viele Verse hat jede Strophe?

_____

7

c Welche Verse reimen sich in den Strophen 1 bis 3?

_____

d Benenne die zwei Unterschiede der 4. Strophe zu den anderen drei Strophen.

_____

_____

e Wie bezeichnet man das Reimschema in den Versen 14–17 (Strophe 4)?

_____

_____

f Was sagt die Mutter über ihren Sohn? Schreibe die Aussage aus dem Gedicht ab.

_____

g Erkläre in einem Satz, warum die Mutter dies sagt.

_____

_____

4 Welchen Aussagen kannst du zustimmen, welchen Aussagen nicht? Kreuze an. ___ von

Aussage	stimme ich zu	stimme ich nicht zu
a Das Gedicht hat nur Jungen zum Thema. Mädchen werden in dem Gedicht nicht erwähnt.	☐	☐
b Das Gedicht beschreibt, dass Mütter ihre Kinder lieben, auch wenn sie Unfug anstellen.	☐	☐
c Niemand fragt die Mutter, weil alle wissen, dass der Junge nicht brav ist.	☐	☐
d Der Junge tobt im Freien nur herum und macht seiner Mutter Ärger.	☐	☐
e Der Junge spielt gern mit seinem Hund. Manchmal passiert etwas, aber das ist nicht schlimm.	☐	☐
f Die Menschen schimpfen über den Jungen.	☐	☐

5 Wähle eine Aussage, bei der du „stimme ich nicht zu" angekreuzt hast, und erkläre, warum du dich so entschieden hast. ___ von

_____

_____

_____

6 Schreibe ein Gegengedicht für ein Mädchen / eine Tochter. Verwende ein eigenes Blatt. ___ von

Test 4

■ Inhalt: Grammatik – verschiedene Themen

▨ Zeitbedarf: 30 Minuten

1 Bestimme die Wortarten. ___ von 8

a	Ein	_____	b	Der	_____
	süßes,	_____		Spaziergang	_____
	kleines	_____		macht	_____
	Haustier	_____		mit	_____
	bedeutet	_____		einem	_____
	täglich	_____		Hund	_____
	viel	_____		mehr	_____
	Arbeit.	_____		Spaß.	_____

2 In welchem Fall (Kasus) steht das Substantiv „Haustier" in den folgenden Sätzen? Verbinde den Satz mit dem richtigen Fall. ___ von 3

Kinder sehen in **einem Haustier** ein Spielzeug.	**Nominativ**
Eltern kaufen viel Futter für **das Haustier**.	**Genitiv**
Der Schlafplatz **des Haustieres** soll nicht im Bett des Kindes sein.	**Dativ**
Ein Haustier bedeutet auch Verantwortung.	**Akkusativ**

3 Wenn man wissen will, in welchem Fall (Kasus) ein Substantiv steht, sucht man dasjenige Fragewort, auf welches das Substantiv antwortet. Bilde in den folgenden Sätzen die richtige Frage und bestimme den Kasus der markierten Substantive sowie Zahl (Numerus) und Geschlecht (Genus). ___ von 5

Beispiel: Der Hase gehört dem Jungen.
Frage: Wem gehört der Hase?   *Fall (Kasus): 3. Fall (Dativ)*
Zahl (Numerus): Einzahl (Singular)   *Geschlecht (Genus): männlich (maskulin)*

a Die Katze fängt gerne **Mäuse.**

Frage: _____

Fall (Kasus): _____

Zahl (Numerus): _____   *Geschlecht (Genus):* _____

b Ein Hund spielt mit **den Kindern**.

Frage: _____

Fall (Kasus): _____

Zahl (Numerus): _____ *Geschlecht (Genus):* _____

4 Setze die fehlenden Wörter in den Lückentext ein. Verwende die vorgegebenen Wörter aus dem Wortspeicher in der korrekten grammatischen Form. ___ von

> *sein • kosten • neu • der • haben • wenig • Hund • das • müssen • frisch*

Neben der Freude, die ein Haustier bereitet, _____ es auch viel Zeit und Geld. Mit _____ muss man Gassi gehen, Kaninchen brauchen Streicheleinheiten. Alle zwei bis drei Tage muss man _____ Käfig putzen und mehrmals täglich _____ Wasser, Trockenfutter und Gemüse auffüllen. Am Anfang _____ die Freude über den _____ Mitbewohner groß, doch nach _____ Wochen lässt _____ Interesse nach. Deshalb _____ man sich vorher gut überlegen, ob man tatsächlich genügend Zeit für ein Haustier _____ .

5 Unterstreiche in den folgenden Sätzen die Personal- und Possessivpronomen. Bestimme durch Eintragen in die richtige Spalte, um welches Pronomen es sich jeweils handelt. ___ von

	Personalpronomen	Possessivpronomen
a Vater: „Mein Sohn, du möchtest eine Schlange als Haustier?"		
b Leon: „Nein, ich denke, für meine Freunde wäre eine Spinne besser."		
c Vater: „Möchtest du ein Haustier für deine Freunde?"		
d Leon: „In unserer Klasse haben alle irgendein Tier. Ich will etwas Besonderes."		
e Vater: „Du musst nicht immer meine kleine Extrawurst sein. Dein Haustier kannst du vergessen."		

6 Verbinde die Sätze mit passenden Konjunktionen aus dem Wortspeicher miteinander.
Schreibe vollständige Sätze und setze das Komma.

> *da • obwohl • als • weil*

a   Leon steht am Sonntag ganz früh auf. Er hat Geburtstag.

_____

_____

b   Sein Vater muss insgeheim lachen. Er überreicht Leon das Paket mit einem finsteren Gesicht.

_____

_____

c   Leon erschrickt. Aus dem Paket schaut ein gestreiftes Gesicht.

_____

_____

d   Leon freut sich. Ein Streifenhörnchen springt sogleich im
Zimmer hin und her.

_____

_____

_____

Test 5

■ Inhalt: Satzglieder

▨ Zeitbedarf: 30 Minuten

1 Mithilfe von Fragewörtern kann man die Satzglieder bestimmen. Welches Fragewort passt jeweils zu welchem Satzglied? Verbinde.

___ von ◄

> **Tipp**   Verwende verschiedene Farben für deine Verbindungslinien, damit es übersichtlich bleibt.

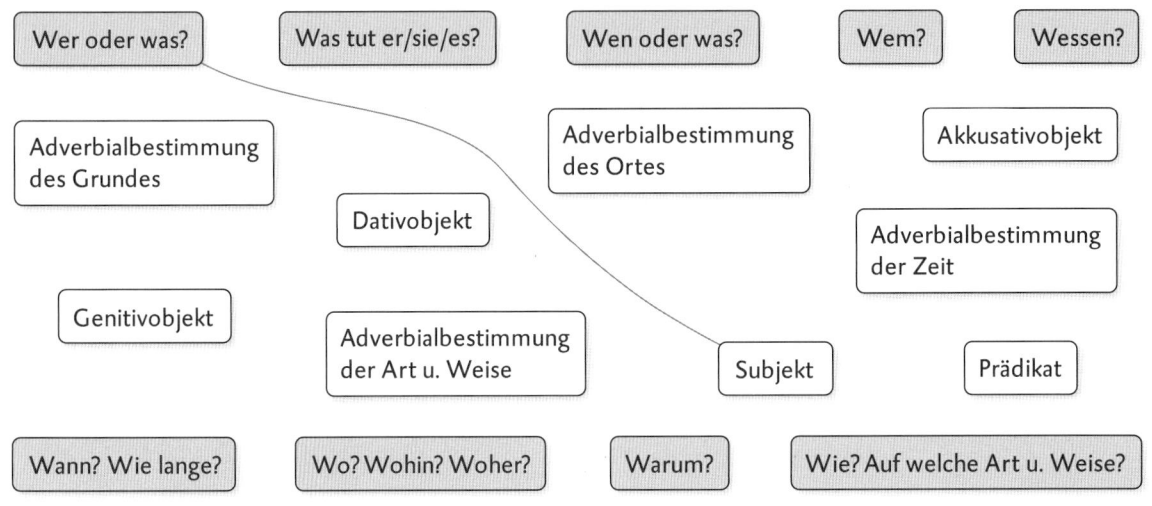

2 Bestimme die Satzglieder, indem du die Umstellprobe machst, und kreise die Satzglieder ein. Beantworte anschließend die Fragen (Aufgabe b).

___ von

    a Zwergkaninchen sind heute beliebte Haustiere.

      Umstellprobe 1: _____

      Umstellprobe 2: _____

    b Welches Satzglied bleibt immer an gleicher Stelle im Satz? _____

      Zu welcher Wortart gehört dieses Satzglied immer? _____

3 Bestimme in den folgenden Sätzen Subjekt und Prädikat. Unterstreiche das Subjekt einmal, das Prädikat doppelt.

___ von

    a Das Fell eines Angorazwergkaninchens muss man fast täglich bürsten.

    b Am liebsten fressen Zwergkaninchen Heu.

    c Täglich benötigen diese süßen Häschen ein paar Streicheleinheiten.

12

4 Ergänze die Sätze mithilfe von zwei Adverbialbestimmungen aus dem Wortspeicher, um die Aussagekraft der Sätze zu erhöhen. Bestimme im Anschluss die ergänzten Satzglieder.

> **Tipp** Streiche die Adverbialbestimmungen, die du bereits verwendet hast, im Wortspeicher durch.

> *täglich • auf den Boden • angriffslustig • ~~immer wieder~~ • als Warnung • gern • mit angelegten Ohren • nach vorne • über große Wurzeln • in kleine Holzkisten • ~~in einem dicken Nest aus Heu~~ • durch eine Röhre aus einem hohlen Baumstamm*

Beispiel: *Ein Zwergkaninchen schläft.*
Lösung: *Ein Zwergkaninchen schläft <u>immer wieder</u> (Adverbialbestimmung der Zeit) <u>in einem dicken Nest aus Heu</u> (Adverbialbestimmung des Ortes).*

a Kaninchen klettern.

b Mit den Hinterläufen trommeln sie.

c Das Kaninchen springt.

5 Ordne die unterstrichenen Satzglieder richtig in die Tabelle (nächste Seite) ein. Ein Beispiel ist bereits vorgegeben.

> Bei Zwergkaninchen denken wir <u>heute</u> (1) an liebevolle Haustiere, die uns mit ihren Sprüngen und spielerischen Neckereien erfreuen. Mit ihren kleinen, rundlichen Körpern, den großen Knopfaugen und einem Gewicht von 1 bis 1,5 kg sehen <u>die Tiere</u> (2) sehr niedlich aus. Dabei unterscheidet man <u>verschiedene Rassen</u> (3): Zwergwidder, Löwenwidder und Teddyzwerge, aber auch Zwergkaninchen mit stehenden Ohren wie zum Beispiel Löwenköpfchen und Angorakaninchen. Bei artgerechter Haltung mit wenigstens noch einem weiteren Artgenossen können Kaninchen <u>bis zu 10 Jahre</u> (4) leben.
>
> Die Tiere benötigen gutes Futter, einen sauberen Käfig und genügend Aufmerksamkeit. Außerdem <u>müssen</u> die Krallen regelmäßig mit besonderen Krallenscheren <u>gekürzt werden</u> (5). <u>Aufgrund zu langer Krallen</u> (6) kann <u>es</u> (7) schnell zu Entzündungen kommen. <u>Dem von Natur aus reinlichen Tier</u> (8) gefällt <u>die Fellpflege</u> (9) mit Bürste und Kämmen. Kaninchen <u>lieben</u> (10) es, <u>vorsichtig</u> (11) gestreichelt zu werden. Wenn man es einmal <u>hinter den Ohren</u> (12) krault, wird das Kaninchen dankbar sein. Denn solche Gesten entsprechen auch <u>dem Verhalten der Tiere untereinander</u> (13). Beim liebevollen Schmusen mit dem Kaninchen <u>bekommt</u> (14) man selbst <u>manchmal</u> (15) <u>ein paar Streicheleinheiten</u> (16), indem es seinen Menschen ableckt oder <u>sanft</u> (17) <u>an seinem Finger</u> (18) knabbert.

Subjekt	14
Prädikat	
Dativobjekt	
Akkusativobjekt	
Adverbialbestimmung der Zeit	heute
Adverbialbestimmung der Art und Weise	
Adverbialbestimmung des Ortes	
Adverbialbestimmung des Grundes	

Test 6

■ Inhalt: Zeitformen

▧ Zeitbedarf: 30 Minuten

1 Unterstreiche alle Verbformen im folgenden Text und trage sie anschließend mit dem passenden Personalpronomen richtig in die Tabelle ein. ___ von 15

| Tipp | Beachte, dass Verbformen aus mehreren Wörtern bestehen können. |

Schule im Schloss

„Da sind wir, in diese Schule wirst du nun gehen", rief meine Mutter. So hatte ich mir meine neue Schule eigentlich nicht vorgestellt. Das alte Haus sah aus wie ein Schloss und lag am Waldrand unseres neuen Wohnorts. Neugierig stieg ich aus dem Auto. „Da hat sich der Umzug ja gelohnt", urteilte meine Mutter. „Bist du der Neue?", fragte mich auch schon ein Typ. „Bei uns wird es dir bestimmt gefallen. Ich heiße Franz. Hast du deine Klasse schon gefunden?" Hatte ich bereits einen neuen Freund kennengelernt?

Zeitform	Textbeispiel
Präsens	
Präteritum	
Perfekt	
Plusquamperfekt	
Futur I	

2 Bestimme Person, Numerus (Zahl) und Tempus (Zeit) der folgenden Verbformen. ___ von 6

  a *er hatte gestaunt* _____

  b *die Kinder rennen* _____

  c *ihr habt erklärt* _____

  d *du wirst sitzen* _____

3 Im Wortgitter sind zehn Verben im Partizip I oder Partizip II versteckt. Kreise sie ein. ___ von 5

p	w	i	n	k	e	n	d	i	m	g	d	e	r	f	a	h	r	e	n
e	r	x	c	v	u	q	p	o	y	e	r	f	o	r	s	c	h	t	p
f	w	b	e	g	o	n	n	e	n	s	z	j	h	x	a	e	n	j	g
a	l	a	c	h	e	n	d	ü	t	a	n	z	e	n	d	q	k	e	h
g	e	w	a	r	t	e	t	l	b	g	e	l	a	n	d	e	t	ö	p
w	r	j	e	r	d	u	l	d	e	t	n	s	t	f	t	d	z	u	k

4 Niklas kommt von seinem ersten Schultag nach Hause und schreibt seinen alten Freunden eine E-Mail, in der er über seine Erlebnisse berichtet. Ein Computervirus hat jedoch alle Verbformen durcheinandergebracht. Schreibe den Text richtig auf die Zeilen darunter. ___ von 8

> Franz seien in meiner Klasse. Der Mathelehrer war ganz jung und fragen mich immer, woher ich so viel wissen. In Sport schießen ich ein Tor. Da hatten geschreit alle Jungs. Ich lernen kennen ganz nette Mädchen. Das waren ein schöner Tag.

_____

_____

_____

_____

5 Ordne die Aussagen den Zeiten zu. ___ von 3

Morgen werden wir basteln.	Das wird echt lustig werden.	Im Schloss spukte es.

Gegenwart	**Zukunft**	**Vergangenheit**

Ich lerne in einem Schloss.	Ich war beim Rektor gewesen.	Die Schule liegt am Waldrand.

Test 7

1 Unterstreiche im Text die substantivierten Verben und Adjektive und schreibe diese mit ihren Begleitern heraus. ___ von 8

Auf der Erde sind ungefähr 600 Vulkane aktiv, die beim Sprühen von Asche und Lava bei den Menschen Bewunderung, Angst und Schrecken auslösen.

Das Ausbrechen eines Vulkans kündigt sich meist durch ein Erbeben der Erde, durch ein Grollen im Berg und das Ausstoßen erster hoher Rauchsäulen an.

Während des schnellen Fließens walzt Lava an den Hängen des Vulkans alles nieder, was sie im Vorankommen behindern könnte. Für die umliegende Bevölkerung gibt es nichts Erschreckenderes als den Anblick glühender Lava, die in ihre Richtung fließt.

2 Benenne, woran man eine Substantivierung erkennt („Begleiter"). ___ von 5

Substantivierungen
erkennt man an

3 Formuliere folgende Sätze um, indem du jeweils ein Verb substantivierst. ___ von 4

Beispiel: *Es ist gefährlich, einen Vulkan zu besteigen.* **Lösung:** *Das Besteigen eines Vulkans ist gefährlich.*

a Es starben 30 000 Menschen, als der Vulkan Mont Pelé 1902 auf der Insel Martinique ausbrach.

b Es ist für Wissenschaftlerinnen und Wissenschaftler schwer zu begreifen, dass in wenigen Minuten so viele Menschen gestorben sind.

_____

_____

_____

c In Europa vernichtete der Ausbruch des Vesuvs große Städte, weil er innerhalb weniger Stunden viel Asche und Lava spuckte.

_____

_____

_____

d Pompeji wurde regelrecht begraben, weil es große Mengen Asche und Steine auf die Stadt regnete.

_____

_____

_____

4 Substantiviere die Verben und Adjektive, ergänze jeweils einen Begleiter und bilde damit einen Satz. Nutze die Begleiter aus dem Wortspeicher.   ___ von 5

Beispiel: grollen   _Lösung:_ _Bei lautem Grollen des Vulkans sollte man vorsichtig sein._

bei • wenig • genau • alles • während

a _erfreulich_   _____

_____

b _wandern_   _____

_____

c _flüchten_   _____

_____

d _beobachten_   _____

_____

e _wichtig_   _____

_____

FEUERSPUCKER DER NATUR

AM ÄTNA SPÜREN DIE MENSCHEN BEIM ESSEN DAS KNIRSCHEN DES GRAUEN STAUBS, DER DURCH DIE LUFT FLIEGT. DAS RAUCHEN AUS DEM ÄTNA KÜNDIGT DAS AUSBRECHEN DES AKTIVSTEN VULKANS DER ERDE AN. ETWAS BESONDERES IST SEIN AUSBRUCH NUR NOCH FÜR TOURISTINNEN UND TOURISTEN, DIE SICH IMMER WEIT HINAUF AN SEINE HÄNGE WAGEN. FÜR VIELE EINHEIMISCHE IST DIE GRAUE ASCHE NOCH DAS HARMLOSESTE. VIELE MALE HABEN SIE SCHON IHR HAUS VERLASSEN MÜSSEN, IMMER IN DER ANGST, DASS EIN SCHWERES ERD-BEBEN FOLGEN KÖNNTE. DAS FLIESSEN DER LAVA AN DEN HÄNGEN HINAB IST FÜR DIE MENSCHEN EIN SPEKTAKULÄRES SCHAUSPIEL, DEM SICH KEINER ENT-ZIEHEN KANN. FRUCHTBARE ASCHE UND LAVA FÜHREN ZU EINEM ERBLÜHEN DER LANDSCHAFT RINGS UM DEN ÄTNA.

Test 8

1 Setze in den folgenden Sätzen die Satzschlusszeichen.   ___ von 3

> Yannik und Luise stehen in der Schwimmhalle
>
> Kannst du gut schwimmen
>
> Mit Flossen schwimme ich am liebsten
>
> Was ist, kannst du nicht schwimmen
>
> Ich habe es erst im Sommer gelernt
>
> Na dann los

2 Setze im folgenden Text die fehlenden Kommas.   ___ von 4

> Yannick und Luise springen plötzlich ins Wasser und der Bademeister Schmitt Sportlehrer Maier die Sportlehrerin Müller und die Schüler*innen der 5 a staunen nicht schlecht! Luise gibt alles und schwimmt Yannik davon der schon völlig aus der Puste ist. Am Beckenrand feuern die anderen Kinder Luise an denn Yannik hatte einfach zu sehr mit seinen Schwimmkünsten angegeben.

3 Erkläre die Kommasetzung in den drei Sätzen in Aufgabe 2.   ___ von 3

Kommasetzung 1. Satz: _____

Kommasetzung 2. Satz: _____

Kommasetzung 3. Satz: _____

4 Im folgenden Gespräch fehlen die Satzzeichen der wörtlichen Rede sowie die Kommas.
Ergänze sie.   ___ von 5

> Du bist viel zu früh ins Wasser gesprungen! schreit Yannik. Luise kann es nicht fassen: Du bist aber ein schlechter Verlierer. Ha, das hätte ich sonst niemals verloren erklärt Yannik und klettert wütend aus dem Wasser. Wenn du so toll schwimmen kannst wie du immer behauptest antwortet Luise dann hättest du mich schnell eingeholt und auch gewonnen. Immerhin sind das 30 Meter die wir geschwommen sind. Yannik beruhigt sich und möchte sich vor seinen Klassenkameraden nicht noch mehr blamieren. Deshalb nimmt er all seinen Mut zusammen und gratuliert Luise: Herzlichen Glückwunsch zum Sieg! Du bist eine tolle Schwimmerin.

5 Wandle die indirekte Rede in wörtliche Rede um und setze die Satzzeichen.
Achte dabei auf den richtigen Satzbau. ___ von 10

a Herr Maier ruft, dass alle wieder zu den Startblöcken gehen
sollen.

_____

_____

b Der Bademeister erklärt die erste Aufgabe, bei der wir zehn
Meter tauchen sollen, dann zehn Meter brustschwimmen und
zehn Meter kraulen.

_____

_____

_____

c Dabei sei es gut, wenn wir so schnell wie möglich schwimmen würden und am Ende wieder
zum Startblock zurückgingen, erklärt er noch.

_____

_____

d Herr Schmitt gebe das Kommando, indem er immer einmal laut pfeife.

_____

_____

e Jetzt müsse aber Ruhe sein, damit der Schwimmunterricht endlich beginnen könne, meint
dann Herr Schmitt.

_____

_____

6 Schreibe das folgende Gespräch auf einem eigenen Blatt weiter. Formuliere noch mindestens
vier weitere Sätze. Setze dabei die richtigen Satzzeichen und die Zeichen der wörtlichen Rede. ___ von 8

Tipp	Lass dir diesen Teil von jemand anderem korrigieren oder frage deinen Lehrer/deine Lehrerin um Rat, wenn du dir nicht sicher bist.

Nach dem Schwimmunterricht gratulieren die Mädchen Luise. Carmen meint: „Mensch
Luise, du hast es dem Yannik gezeigt." „Ich habe so die Daumen gedrückt, dass du das
schaffst", ruft Nadja und meint weiter, „endlich hat es ihm mal einer gezeigt." Kassy empört
sich: „Nicht einer – eine!" „Voriges Jahr konntest du noch nicht so gut schwimmen. Wo
hast du das gelernt?", fragt Carmen.

Test 9

■ Inhalt: Rechtschreibung – s-Laute
▨ Zeitbedarf: 30 Minuten

1 Erkläre die unterschiedliche Schreibung der s-Laute. ___ von 6

Beispiel: *der weise Mann – das weiße Shirt*
Lösung: *„weise" (stimmhaftes s) wird wie Weisheit mit s geschrieben. Das Farbadjektiv „weiß" wird wegen des stimmlosen s-Lauts mit ß geschrieben.*

a *lass – las*

_____

_____

b *reisen – reißen*

_____

_____

c *Schoß – schoss*

_____

_____

2 Ergänze die fehlenden Verbformen in der Tabelle. ___ von 9

Infinitiv	Präteritum (2. Stammform)	Partizip II (3. Stammform)	3. Person Singular (Einzahl) Präsens
gießen			
			er/sie/es liest
	wusste		
		geflossen	
sitzen			
	riss		

22

3 Entscheide dich für die richtige Schreibung und fülle die Lücken.

Aus lauter Langeweile _____ (sas/saß) Emil in seinem _____

(Fernseheßel/Fernsehsessel) und zappte seit Stunden durch das Fernsehprogramm.

Nichts erschien ihm _____ (interessant/interresant) genug, um etwas

länger bei einem Programm zu verweilen. Dass _____ (dass/das) nicht ewig so weiter-

gehen konnte, _____ (wußte/wusste) er auch. Doch als ihm das _____

(bewusst/bewußt) wurde, erschien schon seine Mutter und sagte: „Emil, du _____

(mußt/musst) unbedingt zu _____ (Grossmutter/Großmutter)

fahren. Ich habe etwas zu _____ (Essen/Eßen) für sie eingepackt.

_____ (Weiße/Weise) sie bitte darauf hin, dass das Fleisch noch heute

_____ (gegessen/gegeßen) werden muss. Los jetzt! _____ (Laß/Lass)

den Fernseher und zieh dich an!" Emil erhob sich nur langsam und suchte seine Jacke.

_____ (Draussen/Draußen) war es windig. _____

(Außerdem/Ausserdem) war er erst in der vorigen Woche stark erkältet und mit einer

roten Schnupfennase in der Schule _____ (geseßen/gesessen). „Bring

auf dem Rückweg ein _____ (Weisbrot/Weißbrot) mit!", rief ihm seine

Mutter noch zu und steckte ihm drei Euro in die Jackentasche. Emil machte sich auf den

Weg und freute sich auf eine dicke Belohnung. Er _____ (wußte/wusste),

dass es immer eine gab und eine Unterhaltung mit Oma und Opa _____ (Spass/

Spaß) machte.

4 Setze s, ss oder ß in die Lücken ein.

Tipp	Prüfe mit den gelernten Rechtschreibstrategien die Schreibung, z. B. durch Bilden der Grundform (er isst – Grundform essen).

Da____ Haus, da____ ich meine, ist da____ Haus der bösen Hexe, da____ im Wald steht. Du

wei____t, da____ Hänsel und Gretel zu verfre____en sind, um auf die leckeren Lebkuchen zu

verzichten. De____halb pa____iert es, da____ die beiden in die Gefangenschaft der Hexe

geraten. Die Hexe lä____t Gretel für sich arbeiten und Hänsel mu____ hungern. Hätten sie

nur auf den lei____en Hinwei____ des Täubchens gehört und die Hände von der sü____en

Hausmauer gela____en. Da____ da____ ein gro____er Fehler war, ist den beiden Kindern

nun auch bewu____t.

23

Test 10

1 Sortiere die Wörter in alphabetischer Reihenfolge.   ___ von 8

> **Tipp** Versuche zunächst, die Wörter zu sortieren, indem du sie nummerierst. Überprüfe deine Lösung anschließend mithilfe eines Wörterbuchs.

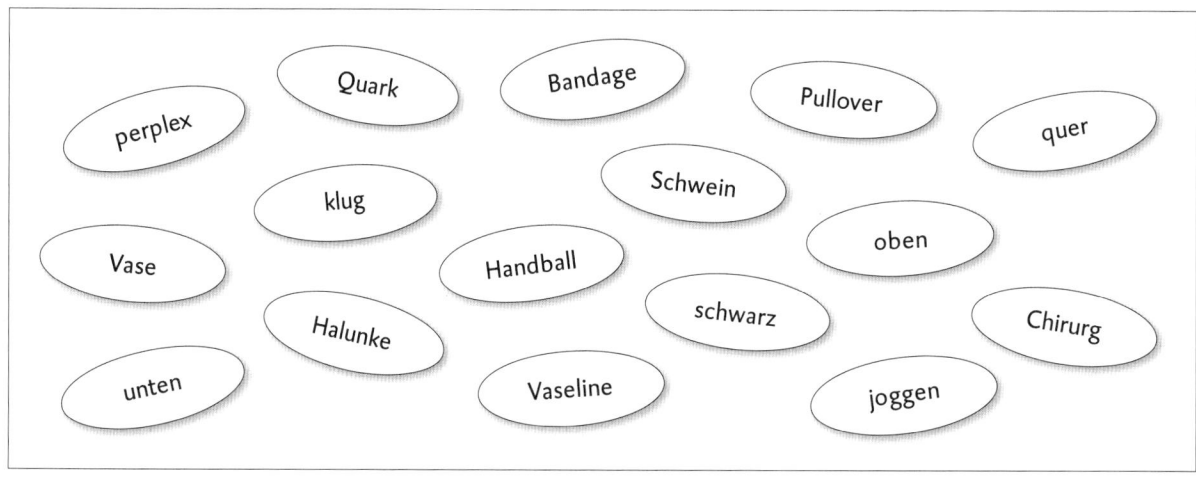

_____

_____

_____

2 Welche Informationen erhältst du in diesem Ausschnitt aus dem Wörterbuch?
Trage die Informationen in die Kästchen ein.   ___ von 8

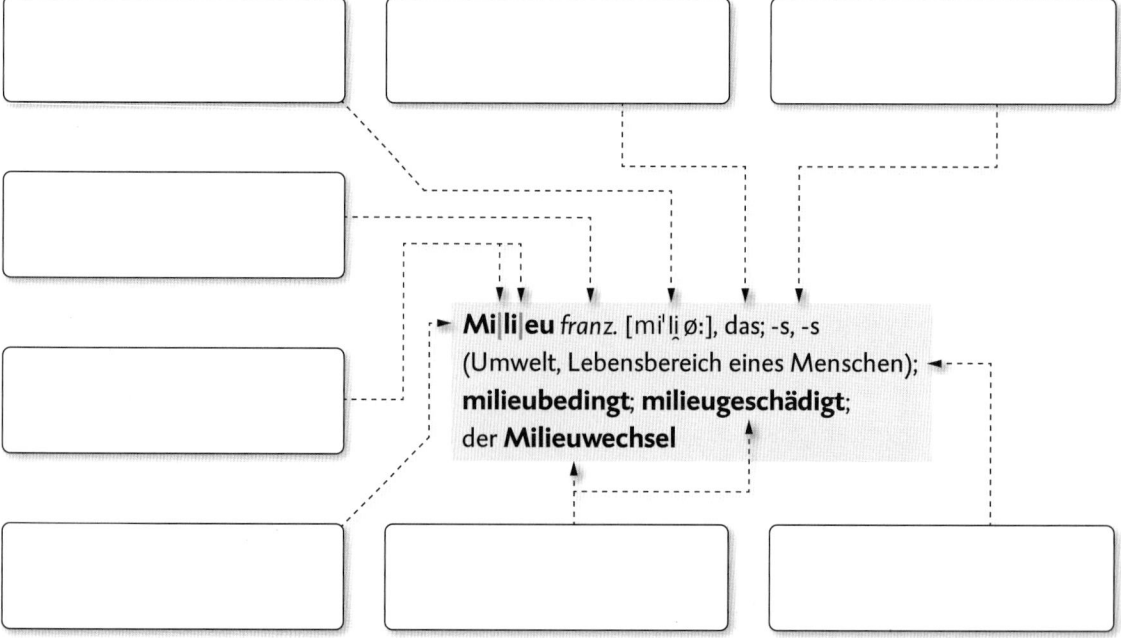

24

3 Kreuze die richtige Schreibweise an. Schlage dazu im Wörterbuch nach. ___ von 4

a ☐ zerreissen ☐ zereisen ☐ zerreißen

b ☐ Cockpit ☐ Kockpit ☐ Cokpit

c ☐ heroisch ☐ heroich ☐ herroisch

d ☐ Röntchenstrahlen ☐ Röntgenstrahlen ☐ Röntgenstralen

e ☐ Kampanje ☐ Kammpanje ☐ Kampagne

f ☐ Irritation ☐ Irridation ☐ Iritation

g ☐ Aligator ☐ Alligator ☐ Aligatour

h ☐ Badybuilding ☐ Bodybuilding ☐ Bodybilding

4 Erkläre mithilfe des Wörterbuchs stichpunktartig die Bedeutung folgender Begriffe. ___ von 6

a fulminant

b Intendant

c Privileg

d separat

e Transfusion

f Autodidakt

5 Verbessere die zehn Rechtschreibfehler im Text. Nutze dazu dein Wörterbuch. ___ von 5

„Mein Freunt Manfred war heute unglaublich
agressiv. Erst schnautzte er mich an, dann
rämpelte Manfred die Ina an und am Ende
schmiß er die Mape von Jan in den Müleimer.
Vielleicht sollte ich ihm auflauern, um mich zu
rechen. Ach nein, das wäre nicht inteligend. Ich
fordere ihn lieber zu einer Diskusion heraus."

Klassenarbeit 1

■ Inhalt: Erlebniserzählung

▨ Zeitbedarf: 90 Minuten

Erzähle zu folgender Überschrift von einem spannenden Abenteuer, welches du im Schullandheim erlebt hast:

Aufregung im Schullandheim

| Tipp | Das Bild ist nur eine Anregung. Du kannst auch etwas anderes erzählen. |

1 Beantworte zunächst die W-Fragen:

Was ist passiert?   _____

Wo geschah es?   _____

Wer war beteiligt?   _____

Wann ist es passiert?   _____

Wie ist es passiert?   _____

                         _____

                         _____

Warum passierte es?   _____

Welche Folgen?   _____

2 Überlege dir den Höhepunkt deiner Erzählung und schreibe einige Stichwörter dazu auf.

_____

_____

Hinweise zur Lösung

Die Aufgabenstellung erschließen	• Die Aufgabenstellung erfordert von dir, dass du dich noch einmal genau an ein aufregendes Erlebnis erinnerst und dieses in der richtigen Reihenfolge spannend erzählst.
	• Dabei musst du beachten, dass der Leser bzw. die Leserin dich und dein Erlebnis nicht kennt und du ihm wichtige Informationen erst mitteilen musst.

Zeiteinteilung	• 20 Min. für das Beantworten der W-Fragen (für die Einleitung) und für Überlegungen zum Höhepunkt der Geschichte
	• 40 Min. für das Schreiben von Hauptteil und Schluss
	• 15 Min. für die Überarbeitung und Verbesserungen
	• 15 Min. für eine Reinschrift

Tipps für deinen Aufsatz	**Vorgehensweise:** • Erinnere dich an dein Erlebnis. Stelle dir den Ort des Geschehens und die beteiligten Personen vor. Höre in Gedanken die Gespräche. Welche Gedanken und Gefühle hattest du während des Geschehens? **Sprache:** • Schreibe im Präteritum. • Erzähle das Erlebnis aus deiner Sicht (Ich-Perspektive). • Verwende anschauliche, lebendige Verben und Adjektive, um spannend zu erzählen. • Gib Gedanken und Gefühle wieder. • Erzähle Gespräche in wörtlicher Rede, vor allem an der spannendsten Stelle.

Schreibplan *Der Schreibplan passt zur Musterlösung (Lösungsheft) und ist nur eine von vielen Möglichkeiten, wie die Erzählung ausgestaltet werden könnte.*	**Einleitung mit W-Fragen** *Führe die Leserschaft in die Situation ein, verrate aber noch nicht zu viel. Beantworte die W-Fragen:* **Was?** Erkundung des Kellers **Wann?** um Mitternacht **Wo?** Schullandheim Burg Hohenberg **Wer?** Marco, Addy, Alan und ich **Hauptteil** *In einzelnen (mindestens drei) Erzählschritten führst du zum Höhepunkt hin. Achte darauf, dass du die Spannung immer weiter steigerst. Vermeide mehrere kleine Höhepunkte. Zur Ausgestaltung der Erzählschritte helfen dir weitere W-Fragen, z. B.: Was geschah jeweils genau? Wie verhielten sich die Beteiligten dabei? Welche Gedanken und Gefühle hatten sie? Was sprachen sie?* 1. Die Kellertür • quietschte beim Öffnen • lauter Knall – die Tür fiel zu 2. Die Kellerräume • Entdecken des Weinkellers • weiterer Raum mit Sportgeräten und Liegestühlen • Dunkelheit und komische Geräusche – zurück- oder weitergehen? • Erzählung von Gespenstern auf der Burg 3. Die Geräusche • lautes Rascheln, Windzug • Höhepunkt: leichtes Flügelschlagen, etwas berührte Addy am Kopf, er schrie • wir rannten zurück zur Tür **Schluss** *Im Schluss erzählst du kurz, wie die Geschichte ausging und welche Folgen das Geschehen hatte.* • Begrüßung an der Kellertür durch Herrn Meyer • Auflösung: Fledermäuse

Klassenarbeit 2

Inhalt: Bildergeschichte

Zeitbedarf: 90 Minuten

Schreibe zu den Bildern eine spannende Geschichte.
Notiere dir zunächst Stichpunkte zur Reihenfolge des Geschehens.

Hinweise zur Lösung

Die Aufgaben-stellung erschließen	• Die Aufgabenstellung erfordert von dir, dass du dir die Bilder genau anschaust und eine spannende Geschichte dazu erzählst. • Dabei musst du beachten, dass der Leser bzw. die Leserin deiner Geschichte die Bilderge-schichte nicht sehen wird und du ihm alles, was auf den Bildern zu sehen ist, erzählen musst.
Zeiteinteilung	• 20 Min. für Vorarbeiten an den Bildern • 40 Min. für die Niederschrift • 30 Min. für die Überarbeitung und die Reinschrift
Tipps für deinen Aufsatz	**Vorgehensweise:** • Betrachte die Bilder genau. Finde zu jedem Bild eine Überschrift. Markiere dir wichtige Details im Bild. Notiere in Gedanken- und Sprechblasen, was die Kinder in jedem Bild denken, fühlen und/oder sprechen könnten. • Fülle das leere 6. Bild mit deinen eigenen Gedanken: Wie könnte die Geschichte enden? **Sprache:** • Schreibe im Präteritum. • Verwende anschauliche, lebendige Verben und Adjektive, um spannend zu erzählen. • Gib die Gedanken und Gefühle der Fußballspieler wieder. • Nimm Gespräche in wörtlicher Rede auf, vor allem an der spannendsten Stelle. • Finde eine treffende Überschrift, die neugierig macht.

Schreibplan	**Einleitung mit W-Fragen**
	 Verrate in der Einleitung noch nicht zu viel, aber beantworte die W-Fragen:
	 Was? Fußballspiel mit Freunden
	 Wann? am Nachmittag, nach der Schule
	 Wo? auf dem Fußballplatz
	 Wer? Felix, David und Florian
	
	 Hauptteil
	 Bild für Bild erzählst du die Geschichte und führst zum Höhepunkt hin. Achte darauf, dass du die Spannung immer weiter steigerst. Vermeide mehrere kleine Höhepunkte. Zur Ausgestaltung der Erzählschritte helfen dir weitere W-Fragen, z. B.: Was geschah jeweils genau? Wie verhielten sich die Beteiligten dabei? Welche Gedanken und Gefühle hatten sie? Was sprachen sie?
	
	 Bild 1: • Felix spielte zu seinem Mitspieler nach vorn in Richtung Tor, David lief parallel mit.
	     • Florian lief auf ihn zu und wollte ihm den Ball abnehmen.
	
	 Bild 2: • David bekam von einem Mitspieler den Ball zugespielt, der Ball war in der Luft.
	     • Felix entdeckte auf dem Boden ein Stück Papier, das aussah wie ein Geldschein.
	
	 Bild 3: • David bewegte sich rückwärts, um den Ball anzunehmen.
	     • Felix stand hinter David und bückte sich nach dem Geldschein.
	
	 Bild 4: • David purzelte über Felix, der gerade wieder aufstehen wollte.
	     • David schlug sich mit seinem Knie ins Gesicht, tat sich weh.
	     • Felix versuchte, David zu halten – vergeblich.
	
	 Bild 5: • David saß auf dem Boden, er hatte Schmerzen.
	     • Felix hielt den Geldschein in der linken Hand und zeigte auf das Riesenrad, das vom Fußballplatz aus zu sehen war – wollte er David einladen?
	
	 Schluss
	 Ergänze das leere Bild und erzähle, wie die Geschichte ausging.
	 • Felix entschuldigte sich. David nahm die Einladung zur Fahrt auf dem Riesenrad an.
	
	 • Am Abend besuchten sie mit Florian das Riesenrad.
	
	 • Dort waren Schmerz und Schreck vom Fußballspiel vergessen.

Klassenarbeit 3

- Inhalt: Reizwortgeschichte
- Zeitbedarf: 90 Minuten

Schreibe eine spannende Erzählung und verwende dabei mindestens drei der vorgegebenen Reizwörter.

Luftballon • Dackel • Himbeereis • Scheinwerfer • Sterne • Schulranzen

Tipp   Notiere dir alle Gedanken und Ideen zu den Reizwörtern im folgenden Cluster und überlege schon währenddessen, wie die Reizwörter miteinander verknüpft werden könnten. Streiche in einem zweiten Schritt überflüssige Stichpunkte in deinen Clustern durch.

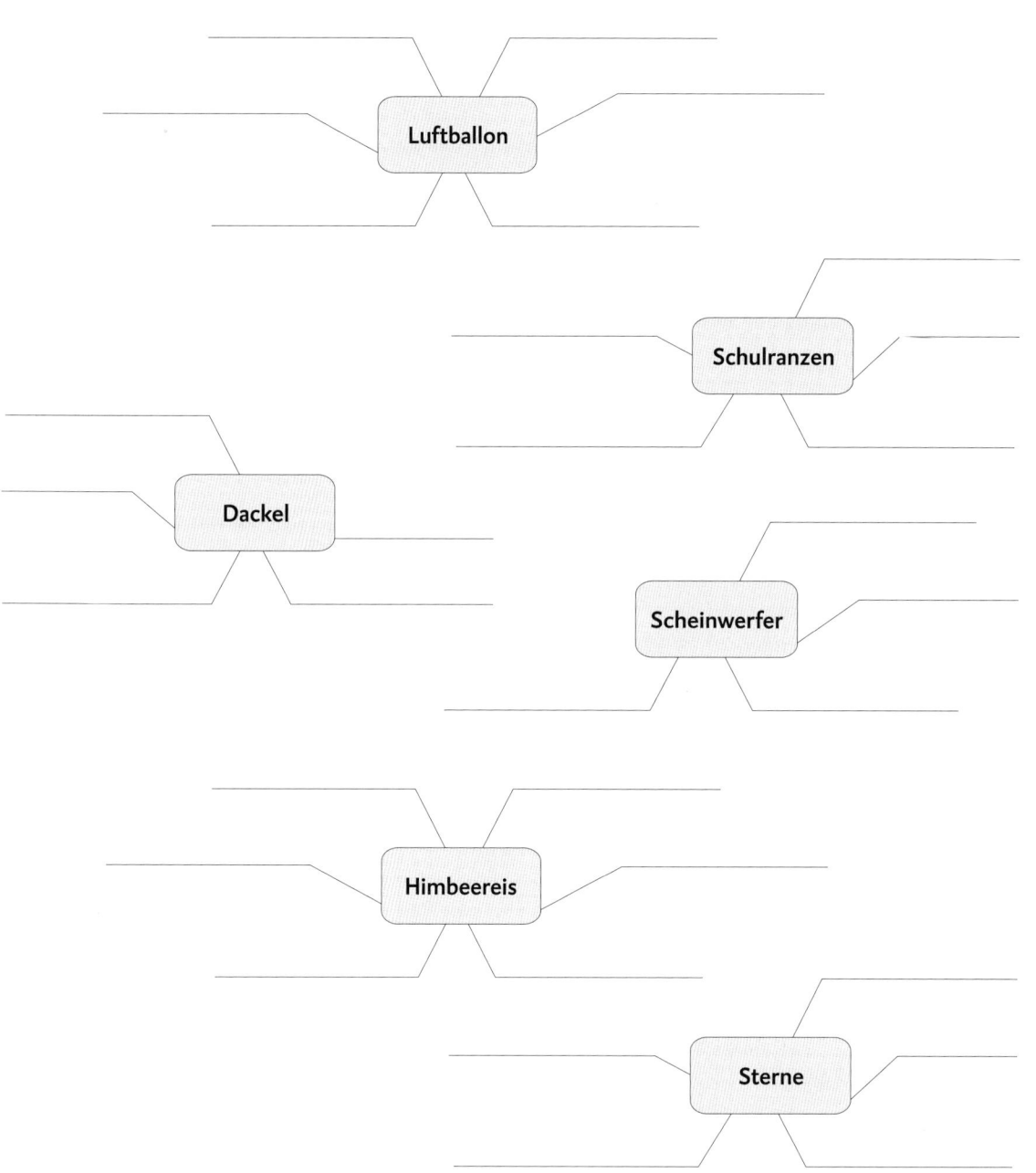

Hinweise zur Lösung

Die Aufgabenstellung erschließen	• Die Aufgabenstellung erfordert von dir, eine möglichst spannende Geschichte zu erzählen, in der mindestens drei der vorgegebenen Reizwörter eine wichtige Rolle spielen. • Dabei musst du beachten, dass die Reizwörter in einen erlebnisreichen, aber auch sinnvollen Zusammenhang gebracht werden müssen. • Berücksichtige die allgemeinen Merkmale des Erzählens.
Zeiteinteilung	• 20 Min. für das Erarbeiten der Cluster (Stoff- und Ideensammlung) • 30 Min. für das Schreiben des Konzepts • 20 Min. für die Überarbeitung und Verbesserungen • 20 Min. für eine Reinschrift
Tipps für deinen Aufsatz	**Vorgehensweise:** • Stelle dir die Reizwörter bildlich vor. Notiere dir alle Gedanken, Einfälle, Ideen zu den Reizwörtern vorab im Cluster. Wähle anschließend drei Reizwörter aus. • Verknüpfe die ausgewählten Reizwörter in Gedanken zu einer Geschichte. Ordne dann deine Stoffsammlung und erarbeite dir einen Schreibplan. Deine Reizwörter müssen im Hauptteil vorkommen und eine bedeutende Rolle spielen. • In einzelnen (mindestens drei) Erzählschritten führst du zum Höhepunkt hin. Achte darauf, dass du die Spannung immer weiter steigerst. • Nach dem Höhepunkt endet dein Hauptteil und du kommst zügig zum Schluss. **Sprache:** • Schreibe im Präteritum. • Verwende anschauliche, lebendige Verben und Adjektive, um spannend zu erzählen. • Stelle die Gedanken und Gefühle der handelnden Personen dar. • Gib Gespräche in wörtlicher Rede wieder, vor allem an der spannendsten Stelle.
Schreibplan *Der Schreibplan passt zur Musterlösung (Lösungsheft) und ist nur eine von vielen Möglichkeiten, wie die Geschichte ausgestaltet werden könnte.*	**Einleitung** *Hier gibst du einen ersten Einblick in die Geschichte und beantwortest die W-Fragen.* **Was?** Treffen mit Freundinnen **Wann?** nach der Schule **Wo?** im Stadtpark **Wer?** Kassy, Anna und ich **Hauptteil** *Zur Ausgestaltung der Erzählschritte helfen dir weitere W-Fragen, z. B. Was geschah jeweils genau? Wie verhielten sich die Beteiligten dabei? Welche Gedanken und Gefühle hatten sie? Was sprachen sie? Wie sprachen sie?* • Eiswagen fuhr vor, Suche nach dem Taschengeld • Hund schnappte sich Kassys Geldbörse und lief weg • wir versuchten, den Dackel einzufangen; Hund lief ohne Geldbeutel davon • Suche in den Büschen nach der Geldbörse, einsetzende Dämmerung • Fahrradfahrer half und leuchtete das Gebüsch aus • Erleichterung: wir fanden Geldbörse wieder **Schluss** *Im Schluss rundest du deine Geschichte ab, indem du z. B. die Folgen des Ereignisses oder das Verhalten der Beteiligten nach dem Höhepunkt erzählst.* • Dank an den Radfahrer • Eiswagen inzwischen weitergefahren

Klassenarbeit 4

■ Inhalt: Nacherzählung

Zeitbedarf: 90 Minuten

Schreibe zu folgender Kurzgeschichte eine Nacherzählung.

> **Tipp**   Lass dir die Geschichte vorlesen, wie bei einer richtigen Klassenarbeit in der Schule.

Siegfried Lenz: Die Kunst, einen Hahn zu fangen

Am frühen Nachmittag erwachte Titus Anatol Plock, Besitzer einer neuen Hose, und hob lauschend den Kopf. Er lag zwischen den Brombeeren hinter der Scheune, lag da an einem warmen, windstillen Plätzchen, wo die Gefahr, gesehen zu werden, nicht allzu groß war. Sobald er gesehen wurde, das wußte er, gab es auch etwas zu tun für ihn, und darum wählte er seine Verstecke mit großer Umsicht.

Er war, offen gesagt, ziemlich erschrocken an diesem Nachmittag, und als die Stimme seinen Schlaf unterbrach, fürchtete er schon das Schlimmste. Aber die Stimme, die ihn geweckt hatte, gehörte Gott sei Dank nicht seiner Mutter, Jadwiga Plock, sondern einem Mann, den er in Suleyken noch nicht gesehen hatte. Es war ein freundlich aussehender, unrasierter Mann, der zwischen den Brombeeren stand; er war schon älter, war barfuß und trug ein kragenloses Hemd und in einer Hand ein riesiges, rotes Taschentuch. Er hatte Titus noch nicht entdeckt und sprach mit süßer, werbender Stimme auf ein Wesen ein, das sich am Boden befinden mußte.

Dies Wesen, wie Titus gleich sah, war der einzige Hahn seiner Mutter, ein ausnehmend kräftiges Tier und schön dazu. Und zu diesem Hahn sprach der Fremde etwa in folgender Weise:

„Du", sprach er, „mein Verehrter, wirst jedem leid tun, der ein fühlendes Herz hat. Schön, wie du bist, warten zu viele Gefahren auf dich in der Welt. Der Fuchs, beispielsweise, oder der Iltis. Keinen Stall gibt es, den der Iltis nicht öffnet. Oder stell dir vor, du kommst unter einen Wagen mit Weizen. Ein Pferd zertritt dich. Zertritt deine ganze Schönheit. Sag selbst: lohnt es sich noch bei diesen Aussichten zu leben?"

Unter solchen Worten trieb er den Hahn in eine Richtung, wo Scheune und Stall zusammenstießen und eine Ecke bildeten. Er wurde dabei nicht ungeduldig; selbst als der Hahn, die Klemme witternd, nach einer Seite auszubrechen versuchte, behielt er die Ruhe, flötete eine Schmeichelei und brachte das Tierchen, indem er es mit dem riesigen Taschentuch erschreckte, auf die gewünschte Bahn.

Titus, achter Sohn der Jadwiga Plock, sah ihm gespannt zu. Er zweifelte daran, daß es dem Mann gelingen werde, Krull, den Hahn, zu fangen. Krull: das heißt im Masurischen König, und dieser Name war dem Hahn gegeben worden, damit er sich in jeder Hinsicht als König erweise. Man wird, dachte Titus, ja sehen.

Der Mann, die Arme ausgebreitet, ging langsam gegen die Ecke vor, ohne Rücksicht auf Ranken, die sich im Stoff seiner Hose festsetzten und ihm zu sagen schienen: Mach's nicht so schnell. Doch der Mann achtete nicht darauf, er riß sich vielmehr gewaltsam los und hatte jetzt nur Augen für Krull. Der wurde immer nervöser, gackelte aufgeregt, tuckte unwillig, denn er war sich über die Schmeicheleien vollauf im klaren. Dem barfüßigen Herrn, weiß Gott, gelang es, Krull, den König des Komposts, in erwähnte Ecke zu drängen, die durch Stall und Scheune gebildet wurde, und nun legte er das Taschentuch auf die Erde und seine Hände bewegten sich wie eine Kneifzange auf den Hahn zu, genauer gesagt, auf den Hals des Hahnes. Der Hahn, hol's der Teufel, blickte zornig und rot, wand sich hierhin, wand sich dorthin, derweil die Hände schon zum Königsmord unterwegs waren. Aber plötzlich, ein Schauer von Wonne durchdrang Titus, plötzlich schrie der Hahn auf, flatterte

steil empor, Federn flogen, und dann landete
Krull in den Brombeeren. Er hatte seinen Attentäter überflogen, ihm, bei steilem Aufstieg, ins Gesicht geklatscht, und das Gackeln, das jetzt erklang, hörte sich an wie eitel Genugtuung, wie Warnung vor einer neuen Lektion.

Der Mann, indes, prüfte kurz, ob die Luft rein wäre, nahm sein Taschentuch auf, rieb, da er offenbar dazu genötigt war, sein Auge und sprach zu Krull folgendermaßen: „Du", sprach er und ging dabei auf ihn zu, „du lahmer Satan von einem Hahn, falsch bist du, blöde, kannst nichts, tust nichts, nicht einmal ein Volk hast du – und gehorchen willst du auch nicht. So etwas wie dich, Ehrenwort, sollte man nicht ansehen, Luft bist du, pfft, reine Luft, und Mitleid verdienst du schon gar nicht. Was ist dabei, wenn der Iltis dich holt? Gar nichts! Was ist dabei, wenn du unter einen Wagen mit Weizen kommst? Erst recht nichts! Nicht einmal als Braten taugst du zu etwas, so mager und blöd bist du. Blas dich nicht auf und bild dir nichts ein, mich interessierst du überhaupt nicht." Um die Verachtung, die tief empfundene, noch durch eine Geste zu unterstreichen,

warf der barfüßige Herr sein Taschentuch nach dem Hahn, doch: wer ist großzügig genug, das zu glauben, in diesem Augenblick, nachdem er lautlos den Anklagen gelauscht hatte, duckte sich Krull, spreizte sich, als ob er darauf wartete, gegriffen zu werden, und der Herr stand wie versteinert da. Als er sozusagen erweichte – es dauerte nicht lang –, bückte er sich schnell, packte Krull, schlug ihn mit staunenswerter Geläufigkeit in das riesige Taschentuch ein, äugte kurz und wollte hinüber zur Straße.

Doch da erhob sich Titus, er ging, ein Knabe von dreizehn Jahren, auf den Fremden zu und sagte: „Ich suche", sagte er, „Herrchen, den Hahn meiner Mutter, Jadwiga Plock." „Ja", sagte der Mann, und über sein Gesicht flatterten Gedanken wie kleine Vögel, dann hob er das Taschentuch hoch und sagte: „Ich glaube, das ist er. Ich habe ihn nur für den Augenblick in Sicherheit gebracht. Denn ich erkannte, Ehrenwort, einen Iltis zwischen den Brombeeren, der das Hähnchen beschlich. Vielleicht zeigst du mir den Hof, Jungchen, auf den dieser Hahn gehört. Ich möchte ihn gern in Sicherheit wissen."

Quelle: Siegfried Lenz: So zärtlich war Suleyken. Masurische Geschichten. Hamburg: Hoffmann und Campe 1989.
(Der Text wird entsprechend der Vorlage in alter Rechtschreibung wiedergegeben.)

Hinweise zur Lösung

Die Aufgaben-stellung erschließen	• Die Aufgabenstellung erfordert, die Geschichte mit eigenen Worten nachzuerzählen. • Dabei musst du beachten, dass du den Inhalt genau wiedergibst und dich an die Reihenfolge der Vorlage hältst, nichts Wichtiges vergisst und nichts dazuerfindest. • Berücksichtige auch hier die Merkmale des anschaulichen und interessanten Erzählens.
Zeiteinteilung	• 30 Min. für das Beantworten der W-Fragen und das Erarbeiten der Erzählschritte • 30 Min. für das Schreiben des Konzepts • 15 Min. für die Überarbeitung und Verbesserungen • 15 Min. für eine Reinschrift
Tipps für deinen Aufsatz	**Vorgehensweise:** • Normalerweise wird dir eine Geschichte, die du nacherzählen sollst, mindestens zweimal vorgelesen. Beim Üben zu Hause könnten dir deine Eltern oder Geschwister die Geschichte vorlesen. Wenn du alleine lernst, lies dir die Geschichte zweimal durch, lege sie beiseite und mache dir Notizen über das Gelesene. Danach darfst du die Geschichte noch ein drittes Mal lesen und im Anschluss deine Notizen ergänzen. Lege die Textvorlage jedoch danach ganz weg, um zu vermeiden, dass du Sätze einfach abschreibst. • Notiere dir, bevor du zu schreiben beginnst, die Erzählschritte stichpunktartig. Schreibe die Stichpunkte in der Vergangenheit – also wie in der Vorlage – auf. • Beantworte in der Einleitung die W-Fragen. **Sprache:** • Verwende die gleiche Zeitform wie in der vorgegebenen Geschichte (hier: Präteritum). • Setze anschauliche, lebendige Verben und Adjektive ein, um spannend zu erzählen. • Gib wichtige Gespräche in wörtlicher Rede wieder, vor allem an der spannendsten Stelle. Achte jedoch darauf, dass du sie in eigenen Worten formulierst.

Schreibplan	*Nach der Stoffsammlung während des Lesens folgt nun die Stoffordnung.*
	Einleitung
	Was? Titus beobachtete den Herrn, der auf den Hahn einredete
	Wann? am frühen Nachmittag
	Wo? Bauernhof der Familie Plock in Suleyken
	Wer? • Titus Anatol Plock (13 Jahre, Sohn von Jadwiga Plock), heimlich hinter der Scheune, hörte fremde Stimme
	        • unbekannter Herr (unrasiert, barfuß, mit einem großen, roten Taschentuch)
	        • Hahn namens Krull
	
	Hauptteil
	Mithilfe deiner Notizen erzählst du nun, was in den einzelnen Erzählschritten in der richtigen Reihenfolge nacheinander geschah. Auch wenn dir ein Erzählschritt in der Textvorlage unvollständig erscheint, darfst du nichts dazuerfinden.
	
	Erzählschritt 1:
	• der Mann sprach mit Krull, dem einzigen Hahn der Mutter, besonders freundlich: „Du kannst einem leidtun, weil du so schön bist und es trotzdem viele Gefahren für dich gibt. Vielleicht kommt ein Iltis und holt dich. Vielleicht auch ein Fuchs. Oder du wirst überfahren. Lohnt es sich da, noch weiterzuleben?"
	• trieb den Hahn in die Ecke zwischen Stall und Scheune
	• Hahn wollte flüchten, schaffte es nicht
	• Mann hatte nur noch Krull im Blick; achtete nicht auf die Brombeeren, die seinen Anzug zerrissen

Erzählschritt 2:
- Krull war schon fast in den Händen des Mannes
- unter lautem Geschrei gelang ihm die Flucht, schlug mit den Flügeln dem Mann ins Gesicht

Erzählschritt 3:
- Beschimpfung des Mannes: „Du Satan, blöder Hahn, kannst doch gar nichts, hast nicht mal ein Volk und hören willst du auch nicht. Dich sollte man nicht achten. Du verdienst auch kein Mitleid. Soll dich doch der Iltis fressen. Du bist so mager, dass niemand etwas von dir als Braten hat. Bild dir bloß nichts ein. Ich habe kein Interesse mehr an dir."
- warf sein Taschentuch in Richtung Hahn

Erzählschritt 4:
- Hahn Krull duckte sich und es sah aus, als wollte er gefangen werden
- der Herr ganz erstaunt, ergriff sofort sein Taschentuch und warf es über den Hahn
- wickelte Hahn ein und wollte über die Straße verschwinden

Schluss

Auch im Schluss hältst du dich inhaltlich an die Textvorlage, schreibst jedoch in eigenen Worten.
In einer Nacherzählung brauchst du den Text nicht bewerten oder deine eigene Meinung äußern.

- Titus hatte alles beobachtet und kam aus seinem Versteck
- Er sagte: „Ich suche den Hahn meiner Mutter. Habt Ihr ihn vielleicht gesehen?"
- Mann erklärte: „Ich wollte den Hahn nur vor dem Iltis retten. Ganz sicher war hier in den Brombeeren gerade noch ein Iltis."
- Mann machte den Vorschlag, den Hahn gemeinsam in den Hof zurückzubringen.

Überschrift

Ist dir eine Überschrift bekannt, so übernimm diese. Wenn dir keine Überschrift vorgelesen wurde, überlege dir eine eigene, die den Leser bzw. die Leserin neugierig macht, die aber nicht zu viel verrät.

Klassenarbeit 5

■ Inhalt: Beschreiben eines Gegenstands

▨ Zeitbedarf: 60 Minuten

Auf dem Nachhauseweg von der Schule hast du deine rote Sporttasche im Bus liegen lassen. Nun musst du im Fundbüro des Busunternehmens deine Tasche als verloren melden. Der Leiter des Fundbüros bittet dich um eine genaue Beschreibung.

Schreibe eine ausführliche Gegenstandsbeschreibung.

Tipp	Beschrifte zunächst das Foto. Vergiss nicht, auch den Inhalt der Tasche zu beschreiben.

Deine Tasche ist nicht so groß wie eine Sporttasche für Erwachsene und hat folgende Maße: Sie ist ca. 45 cm lang, 25 cm breit und 25 cm hoch. Die Seitentaschen sind schwarz.

Hinweise zur Lösung

Die Aufgaben-stellung erschließen	• Die Aufgabenstellung verlangt, dass du deine Sporttasche so genau beschreibst, dass der Mitarbeiter bzw. die Mitarbeiterin im Fundbüro unter den vielen Taschen deine heraus-finden kann. • Achte darauf, dass du vom Allgemeinen zum Detail vorgehst und zunächst das Äußere und dann den Inhalt der Tasche beschreibst. Gehe besonders auf die Merkmale ein, die deine Tasche von anderen unterscheiden. • Berücksichtige die Merkmale des Beschreibens.
Zeiteinteilung	• 10 Min. für das Beschriften des Fotos • 20 Min. für das Schreiben des Konzepts • 15 Min. für die Überarbeitung und Verbesserungen • 15 Min. für eine Reinschrift
Tipps für deinen Aufsatz	Vorgehensweise: • Beschrifte das Foto genau, damit du beim Schreiben nichts Wichtiges vergisst. Unterstreiche in der Aufgabenstellung genannte Merkmale der Tasche, die für deine Beschreibung wichtig sind. • Eine sinnvolle Reihenfolge für die Beschreibung ist es, mit dem Allgemeinen zu beginnen, danach genau auf das Aussehen der Tasche einzugehen und Besonderheiten zu beschreiben. Anschließend stellst du den Inhalt der Tasche vor, wobei du die Dinge nicht nur benennen, sondern auch so genau wie möglich beschreiben sollst. • Zum Schluss kannst du auf die Bedeutung der Tasche für dich eingehen oder nochmals betonen, was dir besonders gut daran gefällt. Sprache: • Schreibe im Präsens. • Ergänze die konkreten Begriffe und Nomen mit anschaulichen Adjektiven, um treffend zu beschreiben (z. B. „die *rote* Tasche ist *rechteckig*, hat aber *leicht abgerundete* Ecken"). • Schreibe sachlich. Vermeide im Hauptteil Gedanken und Gefühle oder eigene Bewertungen. Erst im Schluss kannst du persönlicher werden.
Schreibplan	**Einleitung** *Allgemeines: Farbe, Form, Gesamteindruck* • rote Sporttasche, Maße, Form **Hauptteil** *Aussehen: Farben, Form, Abmessungen, Besonderheiten (z. B. Anzahl der Fächer, besondere Gestaltung und Auffälligkeiten, Trageriemen) und Inhalt* • großes Hauptfach, zwei Seitentaschen • Seitentaschen schwarz abgesetzt, weiße Zierstreifen • kurze Trageriemen • Details: Emblem, Reißverschlüsse • Inhalt: weiße Turnschuhe mit dunkler Verzierung in Größe 39, gestreiftes Handtuch, Trinkflasche aus Kunststoff **Schluss** *Im Schluss erklärst du die Bedeutung der Tasche für dich.* • Hoffnung, dass die Tasche gefunden wird; ganz neu, Turnschuhe ebenfalls

Klassenarbeit 6

■ Inhalt: Vorgangsbeschreibung

▨ Zeitbedarf: 90 Minuten

Schreibe anhand der Fotos eine Vorgangsbeschreibung für die Zubereitung von „Obstsalat mit Quarkcreme".

Tipp	Bevor du beginnst, das Rezept zu schreiben, notiere dir die Zutaten, die Arbeitsgeräte sowie Dinge, auf die du achten musst.

Hinweise zur Lösung

Die Aufgaben-stellung erschließen	• Die Aufgabenstellung erfordert von dir, dass du die Fotos genau betrachtest, um keine Zutat oder einen wichtigen Arbeitsschritt zu übersehen. • Du beschreibst die Arbeitsschritte so genau, dass jeder andere das Rezept nachvollziehen und selbst ausprobieren kann. Dabei gibst du zusätzliche Tipps. • Achte darauf, dass du die Mengenangaben der Zutaten und die notwendigen Arbeitsgeräte genau benennst.
Zeiteinteilung	• 30 Min. für das Erarbeiten der Zutaten, Arbeitsgeräte und Arbeitsschritte • 30 Min. für das Beschreiben des Vorgangs • 30 Min. für Verbesserungen und die Reinschrift
Tipps für deinen Aufsatz	**Vorgehensweise:** • Um nichts zu vergessen, kannst du die Zutaten und die Arbeitsgeräte auch auf den Fotos markieren, bevor du sie dir herausschreibst. • Halte die Reihenfolge der Arbeitsschritte wie auf den Fotos vorgegeben genau ein. **Sprache:** • Schreibe im Präsens. • Benenne die Begriffe genau. • Schreibe sachlich. Vermeide im Hauptteil Gedanken und Gefühle oder eigene Bewertungen. Erst im Schluss kannst du persönlicher werden.

Schreibplan

Einleitung

In der Einleitung schreibst du, um welchen Vorgang es sich handelt (Rezept, Bastelanleitung etc.), und nennst das, was hergestellt wird.

• Obstsalat mit Quarkcreme: einfaches Nachtisch-Rezept

Hauptteil

Als Erstes erfolgt ein Überblick über die Zutaten und Arbeitsgeräte.

Zutaten Obstsalat	Zutaten Quarkcreme	Arbeitsgeräte
1 Banane, 1 Apfel ca. 10 Erdbeeren ca. 5 Aprikosen 1 Kiwi Saft von 1/2 Zitrone 1 Esslöffel (EL) Zucker	1 großer Becher Quark 200 ml Milch Saft von 1/2 Zitrone 1 Päckchen Vanillezucker 2 EL Zucker	1 Rührgerät, 1 Rührbecher 1 große Schüssel, 2 Esslöffel 1 Obstmesser, 1 Schneidebrett 1 Zitronenpresse, 1 Messbecher Dessertschälchen zum Servieren der Nachspeise

Im zweiten Abschnitt beschreibst du die einzelnen Arbeitsschritte in der richtigen Reihenfolge.

1. Obst waschen, wenn nötig schälen und/oder entkernen und in kleine Stücke schneiden, in die Schüssel geben
2. mit Zitronensaft beträufeln, Zucker untermischen
3. Quark im Rührbecher mit Zitronensaft, Vanillezucker und Zucker vermischen
4. mit Rührgerät 3 Minuten rühren, 200 ml Milch dabei hinzufügen

Im dritten Abschnitt kannst du zusätzliche Tipps oder Erklärungen geben. Es ist aber auch möglich, diese schon bei den einzelnen Arbeitsschritten einzufügen.

• Obst mit Zitronensaft beträufeln, damit sich Bananen- und Apfelstücke nicht braun färben
• Rührgerät immer senkrecht halten, sonst spritzt es

Schluss

Im Schluss gehst du auf die Verwendung des Produkts ein

• in kleine Schälchen zuerst die Quarkspeise einfüllen, darauf den Obstsalat verteilen
• evtl. mit Mandelsplittern verfeinern oder mit einer Eiswaffel dekorieren

Klassenarbeit 7

■ Inhalt: Verfassen eines persönlichen Briefes
▨ Zeitbedarf: 60 Minuten

Eure Deutschlehrerin kam heute mit einem dicken Päckchen voller Briefe in die Klasse. Schülerinnen und Schüler einer Schule in Argentinien suchen Brieffreundschaften in Deutschland und haben deshalb an eure Schule geschrieben. Alle, auch du, haben einen Brief mit nach Hause bekommen und sollen diesen nun beantworten.

Schreibe deinen (Antwort-)Brief an Gabrien.

La Plata, Oktober 20...

Liebe/r Brieffreund/in,

mein Name ist Gabrien Bandozzas. Ich lebe in La Plata, einer großen Stadt südlich von Buenos Aires in Argentinien. Ich lerne seit fünf Jahren Deutsch und möchte gern mit einem Jungen oder einem Mädchen aus Deutschland Briefe schreiben. Vielleicht hast du ja Lust, mir zu schreiben.
Erzähle mir etwas von dir! Wie lebst du? Wo lernst du? Was machst du den ganzen Tag? Welche Hobbys hast du?
Ich möchte gern viel von dir wissen und bin sehr gespannt auf deinen Brief.

Viele Grüße
dein neuer Brieffreund

Gabrien

Hinweise zur Lösung

Die Aufgabenstellung erschließen	• Die Aufgabenstellung erfordert von dir, dass du dir genau überlegst, welche interessanten Dinge du deinem neuen Brieffreund in deinem ersten Brief an ihn erzählen möchtest. • Es ist wichtig, dass du die äußere Form des Briefes einhältst.

Zeiteinteilung	• 20 Min. für Vorarbeiten:
	  – 5 Min. für das Lesen des Briefes und das Markieren von Gabriens Fragen
	  – 15 Min. für den Schreibplan
	• 30 Min. für die Niederschrift
	• 10 Min. für Verbesserungen

Tipps für deinen Aufsatz	**Vorgehensweise:** • Lies dir den Brief aufmerksam durch. Markiere dir beim zweiten Lesen die Fragen Gabriens. • Notiere in einer Mindmap, was Gabrien von dir wissen will (Überbegriffe, Themen). • Ergänze nun die Mindmap mit eigenen Stichwörtern zu den Bereichen und erstelle aus der Mindmap einen Schreibplan (Gliederung) für deinen Brief. • Vergiss nicht, deinen Brief nach dem Schreiben gründlich zu lesen und zu korrigieren. *Tipp: Lies ihn dir laut vor. So findest du auch Satzbaufehler.* **Sprache und Form:** • Achte auf einwandfreies Deutsch. • Schreibe in der Ich-Form. Vermeide aber, jeden Satz mit „ich" zu beginnen, das wirkt eintönig. • In deinem Brief musst du verschiedene Zeitformen verwenden. Frühere Erlebnisse erzählst du in der Vergangenheit (Präteritum), Gegenwärtiges im Präsens, Zukünftiges im Futur. • Achte auf die Merkmale eines Briefes: Nenne Ort, Datum, Anrede und Grußformel.
Mindmap	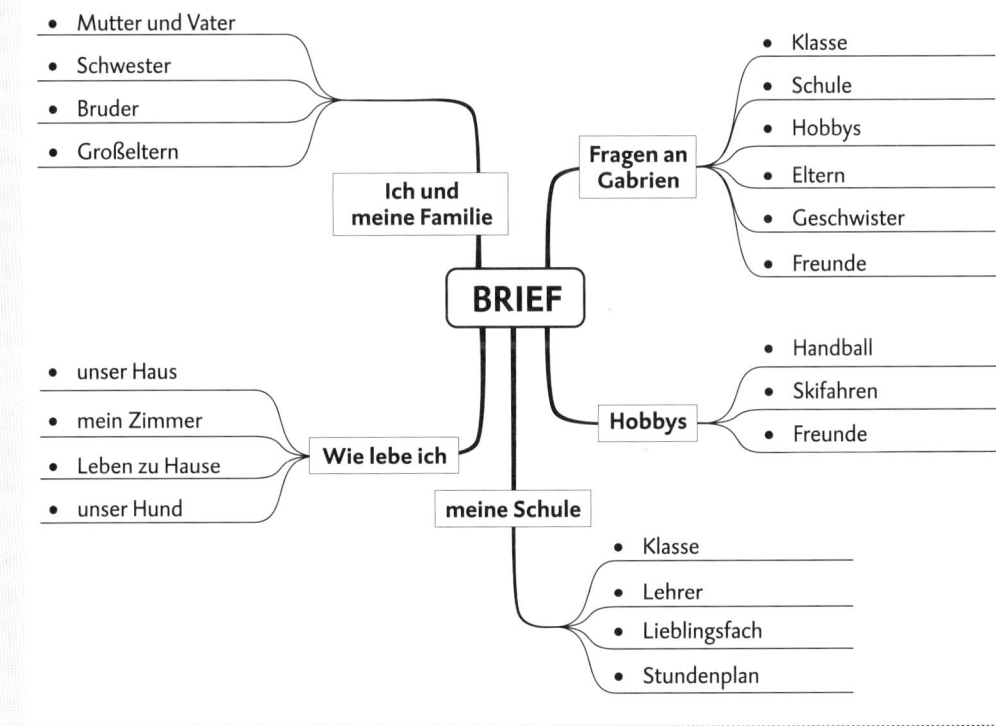

Schreibplan	Du kannst deine Fragen an Gabrien in einem eigenen Absatz zusammenfassen. Wenn du schon ge- übter im Schreiben bist, baust du die Fragen in den jeweiligen Abschnitt, in dem du von dir erzählst, ein. (Ein Beispiel für dieses Vorgehen siehst du in der Musterlösung.)

Einleitung
- Datum und Anrede
- Anlass: Briefverteilung in der Schule
- Gabriens und mein Interesse an einer Brieffreundschaft

Hauptteil
- mein Name
- ich und meine Familie: Eltern, Geschwister, Großeltern
- unser Haus, mein Zimmer
- Garten, unser Hund
- meine Schule: Lehrer, Lieblingsfächer, Stundenplan
- Hobbys: Handball, Skifahren

Schluss
- voller Erwartung auf die Antwort
- Grüße

Klassenarbeit 8

■ Inhalt: Rechtschreibung, Grammatik, Zeichensetzung
▨ Zeitbedarf: 60 Minuten

1 Schreibe den Text richtig ab und setze die Satzzeichen der wörtlichen Rede.   ___ von 10

> ENTDECKUNG AM MORGEN
>
> AN EINEM WARMEN SOMMERTAG ENTDECKTE HERR MÜLLER DIE UMGESTOßE-
> NEN MÜLLTONNEN IM GARTEN NEBEN DEM HAUS. SOFORT RIEF ER SEINEN
> SOHN: BENJAMIN, KOMM SCHNELL! BENJAMIN RANNTE AUS SEINEM ZIMMER IN
> DEN GARTEN. KANNST DU NICHT AUFPASSEN? MUSST DU DEN GARTEN SO VER-
> WÜSTEN? SCHRIE SEIN VATER. DAS WAR ICH NICHT ANTWORTETE BENJAMIN
> ICH WAR DEN GANZEN TAG IN MEINEM ZIMMER. PLÖTZLICH HÖRTEN SIE EIN
> LAUTES GRUNZEN. HINTER DEM HAUS WÜHLTE EIN WILDSCHWEIN IM KOM-
> POST. ERSCHROCKEN SCHLICHEN BEIDE INS HAUS UND RIEFEN DIE POLIZEI UND
> DEN FÖRSTER.

_____

_____

_____

_____

_____

_____

_____

_____

_____

_____

_____

2 Entscheide dich, ob es in den folgenden Sätzen „als" oder „wie" heißen muss, und trage die
Wörter richtig in die Lücken ein.   ___ von 5

a Das Wildschwein war größer _____ Benjamins Fahrrad.

b Vor dem Haus war alles genauso verwüstet _____ hinter dem Haus.

c Wildschweine sind gefährlicher _____ andere Wildtiere.

d Wildschweine können viel schneller rennen _____ Menschen.

e Der Garten des Nachbarn war ebenso zerstört _____ Benjamins Garten.

3 Zur Überprüfung der Schreibung am Wortende hilft es manchmal, Wörter zu verlängern. Dabei gibt es verschiedene Möglichkeiten. Erschließe die richtige Schreibung mithilfe des Verlängerns und erkläre deine Strategie.

___ von 6

Beispiel: Das Fel__ → Die Fel<u>d</u>er.   ***Erklärung:*** *Mehrzahl (Plural) bilden*

a lusti____ → _____ Erklärung: _____

b schädli____ → _____ Erklärung: _____

c er glü____t → _____ Erklärung: _____

d der Wal____ → _____ Erklärung: _____

e der Ber____ → _____ Erklärung: _____

f sie glau____t → _____ Erklärung: _____

4 Unterstreiche die richtige Schreibweise bei den ähnlich klingenden Lauten und begründe sie mithilfe von Ableitungen.

___ von 5

Beispiel: viele Beume/<u>Bäume</u> → Baum

a die schönsten Strende/Strände → _____

b gefährliche/gefehrliche Tiere → _____

c sich heuslich/häuslich einrichten → _____

d kostbare Tierfelle/Tierfälle → _____

e seltene Zufälle/Zufelle → _____

5 Setze bei den folgenden Wörtern die fehlenden Buchstaben (e, ä, eu, äu) richtig ein.

___ von 4

j___hrlich   h___tte   bl___lich   er gr___bt

R___me   f___tt   B___tel   Geb___de

6 Setze „p" oder „b" richtig in die Lücken ein.

___ von 4

Vor Schreck blei__t der Vater stehen. Gi__t es denn so etwas? Der Garten ist ein wilder Acker. Der Vater to__t. Ist das denn erlau__t? Dabei __ackt er einen entwurzelten Rosenstrauch und he__t ihn vorsichtig auf. „Ha__t ihr denn nichts bemerkt?", fragt er seine Kinder. „Ein Autofahrer hat lange gehu__t. Doch wir wussten nicht, warum", antwortet Benjamin.

7 Setze die Wörter aus dem Wortspeicher in die Lücken ein. Entscheide dich dabei für die richtige Schreibweise. Wenn du unsicher bist, darfst du in einem Wörterbuch nachschlagen. ___ von 5

> *jährlich / jehrlich • Tulpenbeeten / Tulpenbeten • Nahrung / Narung • herlich / herrlich •*
> *Allesfreser / Allesfresser • Friethöfen / Friedhöfen • kreftigen / kräftigen •*
> *Naherholungsgebiete / Naerholungsgebite • Bohnen / Bonen • Zeune / Zäune*

_____ werden es immer mehr Wildschweine, die den Wald verlassen und in den Städten und Dörfern nach _____ suchen. Sie kommen in der Nacht und meist in ganzen Rudeln. Ihre empfindlichen Nasen weisen ihnen den Weg hin zu _____ duftenden Rasenflächen, _____ oder Feldern. Als echter _____ ernährt sich das Wildschwein sowohl von pflanzlicher als auch von tierischer Nahrung. Eicheln und Bucheckern sind sehr beliebt. Wenn nicht genügend Waldfrüchte zur Verfügung stehen, werden auch Feldfrüchte wie Mais, Erbsen, _____, Kartoffeln und Getreide gefressen. Vor allem im Sommer zieht es die Tiere in die Stadt, weil dann in den Grünanlagen, auf _____ und in Gärten viel leichter Nahrung zu finden ist als im Wald. Mit ihren _____ Rüsseln graben Wildschweine den Boden auf oder drücken _____ hoch, um an die Nahrungsreste in Komposthaufen, Papierkörben oder Mülltonnen zu gelangen. Da immer mehr Nahrungsreste weggeworfen werden, locken diese die Wildschweine auch in _____.

8 Streiche die falsch geschriebenen Wörter durch und verbessere sie auf den Zeilen. ___ von 9

Benjamin und sein Vater gehen am nechsten Tag in den Baumarckt und kaufen eine Rolle Maschendraht-zaun. Zuhause angekomen, beginnen sie gleich mit der Arbeiht. Wärend sein Vater die Rolle aufwikelt, hämmert Benjamin den Maschendrahd an die unteren Enden der Zaunlaten. Erst danach wollen sie iren Garten neu anlegen.

_____
_____
_____
_____
_____
_____

Klassenarbeit 9

■ Inhalt: Überarbeiten eines Textes
▨ Zeitbedarf: 60 Minuten

1 Finde mindestens sechs weitere Satzanfänge. ___ von

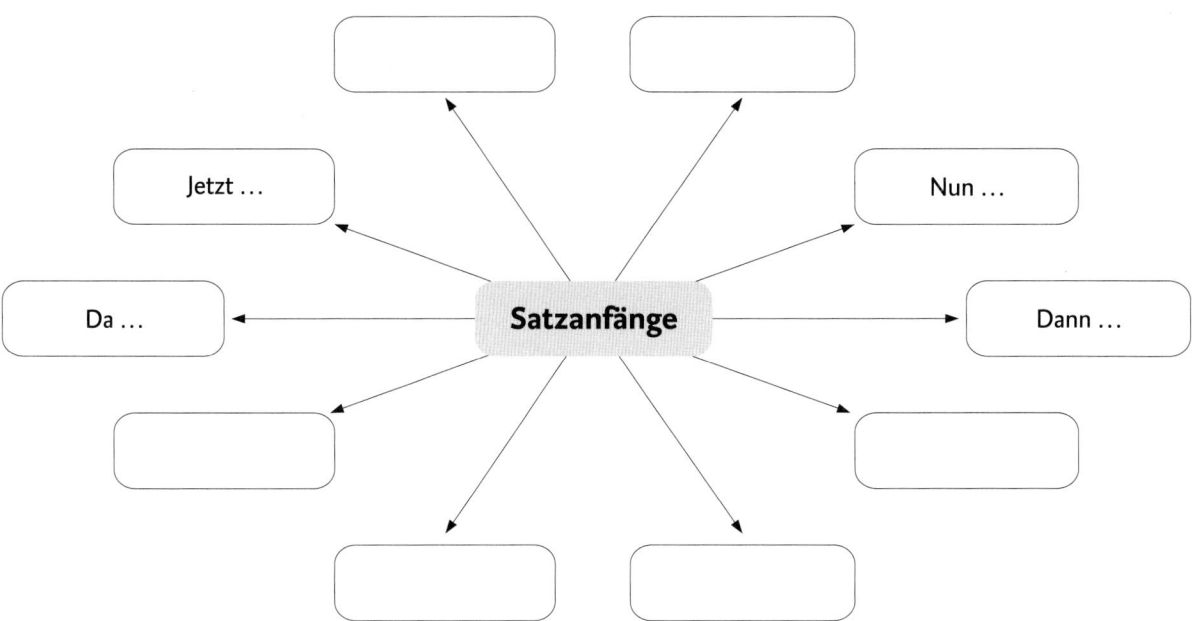

2 Nenne die Möglichkeiten zur Ausdrucksverbesserung, die mit der UWE-Formel gemeint sind. ___ von

U- _____

W- _____

E- _____

3 Verbessere die Sätze, indem du eine der drei Möglichkeiten der UWE-Formel anwendest. ___ von

a Ich spürte immer mehr die Angst. Die Angst kroch mir an den Beinen hoch.

_____

_____

b Das Sprungbrett kam immer näher. Ich konnte das Sprungbrett schon fast sehen.

_____

_____

c Die anderen schauten nach oben. Das Schreien der anderen konnte jeder hören.

_____

_____

4 Ordne folgende Wörter und Wortgruppen den Wortsternen zu.

> *auf einmal* • *voller Freude* • *er ist froh* • *ein schöner Tag* • *in dieser Sekunde* •
> *es war wunderbar* • *freudestrahlend* • *gleich* • *begeistert* • *im selben Augenblick* •
> *gut gelaunt* • *rasch* • *sofort* • *soeben* •

glücklich

plötzlich

5 Philipp hat einen Entwurf für eine Erlebniserzählung geschrieben (siehe Aufgabe 6). Du sollst ihm Tipps geben, was er verbessern kann.
Ergänze die folgenden Sätze, indem du die Wörter aus dem Wortspeicher in den richtigen Formen einsetzt.

> *gehen* • *treffende Adjektive* • *Gedanken* • *abwechslungsreich* • *Fragen* • *Gefühle* •
> *Höhepunkt* • *verbinden* • *hören* • *Namen* • *wörtliche Rede* • *gleich* •

Eine Erzählung wirkt lebendiger, wenn du den Personen _____ gibst. Die

Satzanfänge sollten nicht immer _____ sein, das wirkt langweilig. Kurze Sätze

kannst du miteinander _____ . Verwende _____

Verben. Das Verb _____ solltest du nicht so oft wiederholen, sondern auch andere

passende Wörter finden.

Um spannender zu erzählen, beschreibe die _____ und _____

der Hauptfigur. Erzähle, was sie _____ . Stelle auch _____ . Schmücke

den _____ aus. Verwende _____ und

_____ .

6 Verbessere im ersten Absatz von Philipps Entwurf die Satzanfänge und ersetze einmal das Verb „gingen" und das Verb „rutschen" durch ein anderes Verb. Schreibe den ersten Absatz neu auf ein eigenes Blatt.

___ von

Ein schöner Tag

Das war ein schöner Tag. Die Sonne schien. Da gingen wir ins Freibad. Viele waren schon da. Wir fanden einen Platz unter einem Baum. Ein bisschen Schatten war gut. Gleich gingen wir ins Wasser. Wir gingen zuerst auf die kleine Rutsche. Wir rutschten danach von der großen Rutsche. Das war ein Spaß.

In einer Badepause spielten wir Karten. Der Verlierer sollte einen Wunsch, den sich die anderen ausdachten, erfüllen. Ich hatte verloren. Ich sollte vom Dreimeterturm springen. Ich wollte nicht. Die anderen lachten mich aus. Ich musste also springen.

Ich ging zum Turm. Die anderen gingen mit zum Turm. Ich ging die Stufen rauf. Ich hatte große Angst. Hinter mir waren auch noch Mädchen. Die sollten meine Angst nicht merken. Das waren so viele Stufen. Ich zitterte. Dann war ich oben. Ich wollte nicht. Die anderen fingen an zu schreien. Ich schaute nach unten ins Wasser. Was sollte ich tun? ... Ich sprang einfach.

---

7 Suche mindestens sechs ausdrucksstärkere Verben für „gehen".

___ von

gehen

8 Verbinde im zweiten Absatz von Philipps Entwurf geeignete Sätze miteinander und schreibe den Absatz neu. Kein Satz sollte mit „Ich" beginnen.

___ von

9 Im dritten Absatz verwendet der Schüler zu Beginn dreimal „gingen". Verbessere die Sätze mithilfe der UWE-Möglichkeiten.

___ von

10 Schreibe den Höhepunkt (dritter Absatz) neu auf ein eigenes Blatt. Nutze alle Möglichkeiten.

___ von

Klassenarbeit 10

■ Inhalt: Textverständnis

▨ Zeitbedarf: 90 Minuten

Lies den folgenden Text gründlich durch und bearbeite anschließend die Aufgaben.

Tipp Erarbeite dir den Text mithilfe der 5-Schritt-Lesemethode.

Mit 28 000 Stundenkilometern um die Erde

Inzwischen träumen die Menschen nicht mehr vom Fliegen, sondern von einem Leben im Weltall oder auf fremden Planeten. Das sind große Träume. Doch seit der erste Mensch ins Weltall geflogen ist, entwickeln Techniker und Ingenieure immer bessere Raumschiffe, die weite Reisen ermöglichen.

Am 12. April 1961 startete der erste Mensch ins Weltall. Es war Juri Gagarin aus der **Sowjetunion**. In der Raumkapsel „Wostok 1" umrundete er in 108 Minuten einmal die Erde. Mit einer Geschwindigkeit von 28 000 km/h legte das Raumschiff 8 Kilometer pro Sekunde zurück. Von dem faszinierenden Anblick der Erde aus dem Weltall schwärmen alle Astronauten, wenn sie auf die Erde zurückkehren. Übrigens heißt ein Weltallreisender in Russland Kosmonaut und in westlichen Ländern Astronaut.

Um länger im All bleiben und das All selbst erforschen zu können, benötigte man eine Station, die man anfliegen konnte. Die erste Raumstation „Saljut 6" gehörte der Sowjetunion.

Doch die besten Ingenieure der Welt wollten enger zusammenarbeiten. So begann 1986 der Aufbau der Raumstation „Mir", die von Russland in Zusammenarbeit mit vielen weiteren Staaten genutzt wurde. Die Raumstation bestand aus insgesamt sieben **Modulen**. Von der Basis, dem größten Modul, schwebten die Kosmonauten in die anderen Bereiche. In jedem Modul wurde zu einem eigenen Gebiet geforscht. Im Basisblock konnten bis zu 6 Besatzungsmitglieder wohnen. 2001 wurde die „Mir" kontrolliert zum Absturz gebracht. Sie verglühte beim Eintritt in die **Erdatmosphäre**, Trümmerteile landeten im Ozean.

Bereits drei Jahre vorher begann der Aufbau der ISS – International Space Station. 15 Länder beteiligten sich daran. Bei der Fertigstellung im Jahr 2010 war die ISS mit einer Länge von 109 m größer als ein Fußballfeld. Das Gesamtgewicht beträgt 450 Tonnen. In ungefähr 400 km Höhe umkreist die ISS innerhalb von 90 Minuten einmal die Erde. Währenddessen erforschen die Astronauten das Weltall und reparieren die ISS innen oder außen. In High-Tech-**Laboren**, z. B. dem europäischen Modul „Columbus", **experimentieren** Wissenschaftler an Dingen, die unser Leben auf der Erde verbessern können. Gleichzeitig suchen sie nach Möglichkeiten, wie man länger im Weltall leben kann. Ein Leben im All wird immer wahrscheinlicher. Ein russischer Kosmonaut hält mit 438 Tagen im All den Weltrekord.

Mit dem modernen Raumschiff „Crew Dragon" des Unternehmens „SpaceX" können bis zu vier Astronauten zur ISS gebracht werden. Das Besondere daran ist, dass sowohl die Trägerrakete als auch die Raumkapsel mit den Astronauten sicher im Meer oder auf einer schwimmenden Landeplattform landen. So können Rakete und Raumkapsel wiederverwendet werden. Das spart **enorme** Kosten.

Die Raumfahrt kostet Milliarden von Euro, aber sie hat unser Leben auch verbessert. Ohne das High-Tech-Labor im All gäbe es vielleicht keinen Klettverschluss, keine Solarzellen, Smartphone-Kameras, feuerfeste Anzüge, kein GPS oder keinen Akkuschrauber.

2030 wollen die Forscher und Raumfahrtingenieure erste Menschen zum Mars schicken. Hinflug- und Rückflug sollen jeweils drei Jahre dauern. Man kann also gespannt sein, was uns aus dem Weltall noch erwartet.

Um Astronaut oder Astronautin zu werden, brauchst du als erstes Geduld, denn der Weg bis dahin dauert etwas länger. Voraussetzung ist, dass du gesund und sportlich bist, nicht rauchst und keinen Alkohol trinkst. Du musst dich für Naturwissenschaft, Technik und Medizin interessieren und in diesem Bereich ein Studium erfolgreich beendet haben. Dann kannst du dich bei der Europäischen Raumfahrtbehörde ESA bewerben. In der Ausbildung lernst du alles über die Raumfahrt, trainierst in der Schwerelosigkeit, **absolvierst** ein Tauchtraining im Astronautenanzug. Dazu kommt eine umfangreiche Ausbildung in den Navigationssystemen und die Vermittlung medizinischer Grundkenntnisse. Nach fast drei Jahren beginnt die umfangreiche Vorbereitung auf den Flug ins Weltall. Diese dauert noch einmal mehr als ein Jahr. Dabei wirst du deine Aufgaben und Forschungsthemen erfahren, aber auch dein Team kennenlernen.

1 Worum geht es in dem Text? Bringe die Überschriften für die Abschnitte in die richtige Reihenfolge, indem du sie nummerierst.

_____ von

_____ Ausbildung zum Astronauten oder zur Astronautin

_____ Die ISS

_____ Der erste Flug ins All

_____ Die ersten Raumstationen

_____ Nützliche Erfindungen

2 Ordne die fettgedruckten Fremdwörter im Text ihrer Bedeutung zu. Schlage dazu im Wörterbuch nach. Notiere jeweils die Grundform.

_____ von

Wort	Bedeutung
Sowjetunion	ehemalige Großmacht in Osteuropa, Zerfall in mehrere Staaten, größter Staat ist Russland
	außerordentlich groß
	Baueinheit (in der Elektroindustrie)
	abschließen, hinter sich bringen, durchführen
	wissenschaftliche Versuche durchführen
	Gashülle der Erde
	Forschungsraum, naturwissenschaftliche Arbeitsstätte

3 Beantworte die Fragen mithilfe des Textes.

a Wovon träumen die Menschen heute?

_____

b Wann war der erste Flug eines Menschen
ins Weltall?

_____

c Mit welcher Geschwindigkeit fliegen
Raumschiffe um die Erde?

_____

d Wofür steht die Abkürzung ISS?

_____

_____

4 Beantworte die Fragen mithilfe des Textes. Nenne jeweils drei Antworten.

a Welche Aufgaben übernehmen die Astronauten auf einer Raumstation?

- _____

- _____

- _____

b Welche Informationen erhältst du über die ISS?

- _____

- _____

- _____

c Welche Voraussetzungen musst du erfüllen, wenn du Astronaut oder Astronautin werden
willst?

- _____

- _____

- _____

d Welche Erfindungen verdanken wir der Raumfahrt?

- _____

- _____

- _____

5 Verbinde die Wörter und Wortgruppen zu einem inhaltlich sinnvollen Satz. ___ von

> *erzeugen • auf den Sonnensegeln der ISS • Strom • 16 400 Solarzellen*

_____

_____

6 Entscheide dich für die richtige Schreibweise und ordne die Rechtschreibstrategie zu, die dir hilft, das Wort an der gefragten Stelle richtig zu schreiben. ___ von

Beispiel: ☐ treumen   ☒ träumen   **Strategie:** *Ich leite das Wort vom Grundwort ab. (Traum)*

Rechtschreibstrategien:

1. *Ich trenne nach Silben.*
2. *Ich steigere das Wort.*
3. *Ich leite das Wort vom Grundwort ab.*

a ☐ gesund   ☐ gesunt   Strategie: _____

b ☐ Lenge   ☐ Länge   Strategie: _____

c ☐ Solarzelle ☐ Solarzele Strategie: _____

7 Bestimme die Wortarten. ___ von

Ein	großer	Traum	ist	in	Erfüllung	gegangen.
___	___	___	___	___	___	*Verb*

8 Erkläre die Großschreibung von „Fliegen" im folgenden Satz:
„Der große Traum vom Fliegen ist in Erfüllung gegangen." ___ von

_____

9 Setze die fehlenden Satzzeichen und Zeichen der wörtlichen Rede ein. ___ von

> Der deutsche Astronaut Alexander Gerst war 2014 und 2018 im Weltall Kinder Schüler Studenten und Erwachsene durften ihm Fragen stellen Was werden Sie nach der Rückkehr wohl vermissen fragten sie ihn Ich werde den Rückwärtssalto beim Zähneputzen vermissen schrieb Alexander Gerst auf Twitter zurück

10 Du darfst zwei Fragen an eine berühmte Astronautin stellen. Formuliere eine Frage zu ihrer Ausbildung und eine Frage zum Alltag im Weltraum. Schreibe auf ein eigenes Blatt. ___ von

> **Tipp**   Achte auf die Höflichkeitsform in der Anrede, z. B.: „Wann waren Sie auf der ISS?"